LES DIX COMMANDEMENTS

LES DIX COMMANDEMENTS

Joseph Sitruk
Grand Rabbin de France

Dalil Boubakeur
Recteur de la Mosquée de Paris

Jean-Charles Thomas
Evêque de Versailles

Alain Mamou-Mani
Auteur et chef d'entreprise

Avec la collaboration de Nicolas Krausz

Albin Michel

22, rue Huyghens, 75014 Paris

www.albin-michel.fr

ISBN 2-226-12068-8

Sommaire

I. Les Dix Commandements 9

II. Moïse et les monothéismes 65

Moshé à la lumière du Talmud 67
par Joseph Sitruk, Grand Rabbin de France

Moïse, figure du christianisme 93
par Mgr Jean-Charles Thomas, Evêque de Versailles

Mon frère Moussa 126
par Dalil Boubakeur, Recteur de la Mosquée de Paris

De la morale religieuse à l'éthique citoyenne........ 156
par Alain Mamou-Mani, auteur et chef d'entreprise

III. Entretien autour des Dix Commandements ... 187

Dix Paroles en trois actes 189
Appel pour vivre ensemble 257

Bibliographie 259

Il est communément admis que « ce siècle sera spirituel ou ne sera pas ». Aborder les Dix Commandements, c'est retrouver l'origine commune des trois religions monothéistes, juive, chrétienne et musulmane. C'est aussi mettre l'accent sur des règles de vie, sur une éthique qui doit guider l'humanité dans la voie de la réconciliation.

Nous avons voulu prolonger l'esprit du spectacle musical par ce livre qui présente les enseignements que chaque religion a tirés de la Parole divine. Nous avons voulu également faire apparaître les points de convergence et, pour une faible part, les différences entre les trois religions, en réfléchissant sur le rôle essentiel qu'ont joué les Dix Paroles sur le plan de l'éthique et de la foi.

Nous tenons à remercier les auteurs qui ont répondu à cet objectif que nous nous étions fixé en créant le spectacle musical *Les Dix Commandements*.

Elie Chouraqui et Albert Cohen
Producteurs du spectacle musical

I.

Les Dix Commandements

Les Dix Commandements

Exode 20, 2-17

« C'est moi le Seigneur, ton Dieu, qui t'ai fait sortir du pays d'Egypte, de la maison de servitude :

1. Tu n'auras pas d'autres dieux face à moi.

2. Tu ne feras pas d'idole, ni rien qui ait la forme de ce qui se trouve au ciel là-haut, sur terre ici-bas ou dans les eaux sous la terre. Tu ne te prosterneras pas devant ces dieux et tu ne les serviras pas, car c'est moi le Seigneur, ton Dieu, un Dieu jaloux, poursuivant la faute des pères chez les fils sur trois et quatre générations — s'ils me haïssent — mais prouvant sa fidélité à des milliers de générations — si elles m'aiment et gardent mes commandements.

3. Tu ne prononceras pas à tort le nom du Seigneur, ton Dieu, car le Seigneur n'acquitte pas celui qui prononce son nom à tort.

4. Que du jour du sabbat on fasse un mémorial en le tenant pour sacré. Tu travailleras six jours, faisant tout ton ouvrage, mais le septième jour, c'est le sabbat du Seigneur, ton Dieu. Tu ne feras aucun ouvrage, ni toi, ni ton fils, ni ta fille, pas plus que ton serviteur, ta

servante, tes bêtes ou l'émigré que tu as dans tes villes. Car en six jours, le Seigneur a fait le ciel et la terre, la mer et tout ce qu'ils contiennent, mais il s'est reposé le septième jour. C'est pourquoi le Seigneur a béni le jour du sabbat et l'a consacré.

5. Honore ton père et ta mère, afin que tes jours se prolongent sur la terre que te donne le Seigneur, ton Dieu.

6. Tu ne commettras pas de meurtre.

7. Tu ne commettras pas d'adultère.

8. Tu ne commettras pas de vol.

9. Tu ne témoigneras pas faussement contre ton prochain.

10. Tu n'auras pas de visées sur la maison de ton prochain. Tu n'auras de visées ni sur la femme de ton prochain, ni sur son serviteur, sa servante, son bœuf ou son âne, ni sur rien qui appartienne à ton prochain. »

Un Texte fondateur et mystérieux

S'il est un passage de la Bible que tout le monde connaît, nul doute qu'il s'agit des Dix Commandements : Moïse, monté seul au sommet du mont Sinaï, reçoit de Dieu les Tables de la Loi où sont inscrites les Dix Paroles qui résonnent encore à nos oreilles, des milliers d'années plus tard : « Tu n'adoreras pas d'autres dieux que moi, tu ne feras pas d'idole. » Ce Texte présent dans toutes les mémoires constitue un patrimoine essentiel pour l'humanité. Père des trois religions monothéistes et précurseur de la Déclaration universelle des droits de l'homme, il est également devenu, avec l'histoire qui l'accompagne, une source d'inspiration pour toutes les formes artistiques : au cinéma, dans le mémorable péplum de Cecil B. DeMille, puis dans le film d'animation *Le Prince d'Egypte* produit par Steven Spielberg et aujourd'hui sur la scène, dans un spectacle musical qui réunit l'image, la musique et la danse en une expression esthétique totale. Force est donc de constater que le Décalogue — les Dix Paroles — reste au cœur de la civilisation et de la culture occidentales, sans doute parce qu'il n'a jamais cessé d'interpeller notre monde moderne dans ses angoisses, dans ses craintes mais aussi dans ses espérances.

Mais comment ce Texte de partage peut-il encore nous parler ? Sommes-nous toujours capables d'entendre et de comprendre les exhortations de ces Dix Paroles ? Avons-nous seulement conscience du défi qu'elles représentent aujourd'hui pour l'homme dans sa quête de paix et de justice ? L'histoire et surtout le XXe siècle ont pu nous en faire douter. C'est pourquoi il nous faut enquêter au sujet de ce Texte mystérieux comme si nous l'avions égaré, comme s'il s'agissait de le retrouver tel que Moïse, figure éternelle, nous l'a confié.

Ce que nous recherchons, ce n'est ni l'histoire ni même les conditions matérielles qui ont produit ce Texte en particulier ou la Bible en général. Les travaux de l'exégèse scientifique, dont les historiens et les archéologues furent les principaux acteurs, ont certes permis des progrès considérables dans la connaissance des civilisations du Moyen-Orient biblique sur la question des mœurs, de l'organisation politique, mais ils laissent intactes les questions fondamentales de la signification éthique et du message sacré de la Bible qui seules nous intéressent ici.

Tels sont les enjeux de ce livre et de l'entretien qui va l'accompagner : comment faire passer ce Texte dans la France d'aujourd'hui ? Comment le léguer à ceux qui vont faire le XXIe siècle ? La société, à travers ses jeunes, cherche de nouvelles valeurs et nous voulons participer à ses interrogations, réfléchir avec elle sur des problèmes actuels et urgents : avortement, euthanasie, manipulations génétiques, violence. Nous voulons entreprendre cette démarche sans dogmatisme ni idéologie et c'est pourquoi nous faisons appel au Décalogue, en nous situant dans la longue tradition de sa libre interprétation. Alors comment sortir de cette « culture de mort » que le pape Jean-Paul II dénonçait dans sa dernière encyclique ? En prenant avec fermeté le parti de la vie dont les Dix Commandements représentent le manifeste éclatant et vigoureux, si l'on se donne la peine de les relire sans préjugé et de les méditer avec son cœur.

Nous avons proposé ce défi à des hommes de foi qui sont des représentants officiels en France du judaïsme, du christianisme catholique et de l'islam. Pourquoi des religieux et pas des philosophes, des politiques ou des théologiens ? Précisément parce que ce Texte demeure encore aujourd'hui un mystère et parce qu'il se présente avant tout comme une Parole divine révolutionnaire. Or la religion n'est ni un discours ni une philosophie. Si elle use des concepts et de la logique, c'est toujours pour, le moment venu, les abandonner ou les rendre à la dispute quand il s'agit de s'adresser au cœur, de libérer la foi. « Dieu d'Abraham, Dieu d'Isaac, Dieu de Jacob, non des philosophes et des savants », écrit Pascal dans le *Mémorial.* Bien sûr, nous parlerons de notre histoire, des progrès sociaux et des droits de l'homme en essayant de les redécouvrir, en situation, à la lumière du Décalogue. Nous évoquerons également ces découvertes scientifiques qui nous inquiètent tant et qui exigent de nous, plus que jamais, des convictions morales.

Moïse et la Bible

Mais avant de parler des Dix Commandements et de Moïse dans le langage particulier de chacune des trois religions, il convient de raconter son histoire et de pénétrer ainsi dans l'univers de la Bible, qui nous transporte mille quatre cents ans avant notre ère.

La vie de Moïse, ses actes et ses discours occupent les quatre cinquièmes de la Tora[1], la Bible juive, si bien

1. Ce mot signifie littéralement l'enseignement et la Loi. La Tora comprend cinq livres : Genèse, Exode, Lévitique, Nombres et Deutéronome. Lorsque la Bible a été traduite en grec, la version dite de la Sep-

qu'on ne peut distinguer la figure de Moïse de l'ensemble de la Tora. Dans la tradition hébraïque, Moïse a lui-même écrit l'ensemble des cinq livres du Pentateuque — nous pouvons donc les considérer comme une sorte d'autobiographie.

La Genèse nous raconte le commencement du monde, la création de l'homme et de la femme, Adam et Eve, appelés en hébreu Ish et Isha, et l'histoire des Patriarches, ces « premiers » hommes qui descendent tous de Noé, seul humain, avec sa famille, à survivre au Déluge.

A partir de Moïse et de l'Exode, l'histoire d'Israël commence vraiment : le peuple israélite devient la Nation choisie par le Dieu des Hébreux, YHWH, le Tétragramme (les quatre consonnes sacrées) que les Hébreux ne doivent pas prononcer, comme l'ordonne le troisième commandement. C'est cette histoire que nous vous proposons...

Il s'agit d'une véritable aventure que la distance, le décor et les légendes ont transformée en épopée sublime qui inspira tant d'artistes sous des formes diverses. A notre tour, nous avons puisé dans la Bible et dans les traditions ultérieures de quoi faire resurgir le cours de cette vie qui s'est transformé en destin. Attentifs aux merveilles du texte biblique, à ses expressions qui sont encore les nôtres, nous avons resserré l'intrigue entre les livres de l'Exode et du Deutéronome en un récit rapide et souple. Mais, l'histoire terminée, le lecteur pourra revenir sur les points de détail en consultant les fiches biographiques que nous avons établies pour tous les per-

tante (à cause des soixante-dix traducteurs qui ont participé à cette aventure), on a donné à la Tora le nom de Pentateuque, ce qui, traduit du grec, signifie les « cinq étuis », c'est-à-dire les cinq volumes qui composent le début de l'Ancien Testament pour les Chrétiens.

sonnages du drame afin d'approfondir le caractère et la psychologie de chacun d'entre eux.

Mosaïque de Moïse

Ainsi présente à l'esprit, réveillée dans nos mémoires, son histoire pourra s'enrichir de sens et de symboles nouveaux grâce à la lecture que les quatre intervenants en font dans la deuxième partie de l'ouvrage. Leur renommée ne doit pas nous faire oublier le « métier » qu'ils exercent : sans cesse au contact des fidèles, s'adressant directement à eux dans les lieux sacrés (synagogue, église, mosquée), ils expliquent inlassablement le texte des Ecritures et transmettent le don de la foi de génération en génération. Leur expérience quotidienne qui s'appuie sur une très grande érudition, leur responsabilité morale et une certaine disponibilité médiatique nous ont semblé nécessaires pour rendre accessible le commentaire au plus grand nombre, aux croyants comme aux athées. Grâce à eux, on se rendra compte de l'extraordinaire présence de Moïse dans les trois monothéismes : chacun, avec sa culture et ses traditions religieuses particulières, apporte anecdotes et hypothèses. Le Grand Rabbin Joseph Sitruk évoque le Moshé du Talmud, la tradition orale du judaïsme, dans laquelle les rabbins rivalisaient d'ingéniosité et d'habileté dans l'interprétation. Pour Mgr Jean-Charles Thomas, évêque de Versailles, initiateur d'une Bible entièrement commentée pour en rendre le sens accessible à ceux qui l'abordent pour la première fois (travail œcuménique réalisé en France et au Canada), un lien très fort existe entre Moïse et Jésus, l'Ancien et le Nouveau Testament, et c'est de cette complémentarité que sont nées les valeurs morales dites judéo-chrétiennes. Dalil Boubakeur, Recteur de la Mosquée de Paris, nous rappelle que Moussa est omniprésent dans les sourates du Coran et que le Prophète Mahomet reconnaît en lui un maître et un soutien. Enfin, Alain Mamou-Mani a voulu donner une interprétation laïque de la vie de Moïse en faisant ressortir les aspects politiques de son action, et montrer à quel point certains traits de sa personnalité le rendent comparable à des révolutionnaires comme Gandhi. Il démontre qu'en s'arrêtant aux portes de la Terre promise, Moïse a échappé à la tentation du despotisme dans lequel sombrent souvent les leaders charismatiques victimes de leur ego triomphant. Bien des surprises nous attendent donc dans ce voyage au cœur des religions dont Moïse s'est imposé naturellement comme le guide privilégié puisqu'il reste leur dénominateur commun.

Moïse, Moshé, Moussa, Moses : tous ces noms pour un seul homme, pour une même réalité spirituelle. La question se pose alors de réunir toutes ces figures en une seule, non par souci de système mais par besoin de repères. Prophète sans Eglise, mortel sans résurrection ni apothéose, sa présence se maintient parmi nous dans le geste qui nous a légué les Tables de la Loi, les commandements gravés dans la pierre. Moïse exige pour notre présent qu'on s'attache à son œuvre — une œuvre qui se résume en dix points, qui sont autant de commandements et de conseils. Cela mérite bien qu'on y consacre un débat.

Moïse et le Décalogue : un Texte pour aujourd'hui

Ce livre est né d'une rencontre inattendue. A Cuba, au printemps 1999, Alain Mamou-Mani, auteur chez Albin Michel, rencontre au cours de ses vacances Albert Cohen, le partenaire d'Elie Chouraqui dans la production 7 Art, qui lui fait part de son idée d'adapter l'histoire de Moïse en un spectacle musical. Le projet artistique devrait s'accompagner d'un prolongement écrit : des représentants des trois branches héritières du message de Moïse commentant le Décalogue avec un laïc. De retour à Paris, Alain Mamou-Mani travaille sur le spectacle musical et persuade Albin Michel de l'utilité de cette coédition afin de promouvoir la nécessité de trouver en France, tous ensemble, un code de conduite favorable à la paix et à la tolérance grâce à une relecture originale des Tables reçues sur le mont Sinaï. Avec l'aide de ses amis Nicolas Krausz, philosophe de formation, et Jacques Domas, coordinateur, il sollicite les partenaires religieux qui sont immédiatement enthousiasmés par l'ambition du projet. Les entretiens se déroulent dans une ferveur rare et un climat de sympathie réciproque.

L'occasion est donc propice pour réunir ces trois religions avec un représentant de la société civile. Rendue possible grâce à ce Texte, d'où partent aussi bien les chemins vers Dieu que ceux de l'éthique citoyenne en direction d'autrui, cette rencontre exceptionnelle répond au besoin légitime d'un dialogue interreligieux. Espérons également qu'elle contribue à perpétuer une écoute réciproque, attentive et sereine.

Le rabbin, l'évêque, le recteur et le laïc se rencontrent ici pour la première fois. A travers leurs positions et leurs engagements, ce sont les différentes communautés religieuses de France et la société civile qui se parlent et se découvrent de nouveaux points communs. Il fallait montrer que la France, dont la capitale compte les communautés juives, musulmanes et catholiques les plus importantes d'Europe, constitue un exemple pour la lutte contre les intégrismes et l'intolérance Mais il fallait aussi aller plus loin, dépasser les particularismes de chacun dans le seul but de penser ensemble l'avenir de nos valeurs et de nous donner les moyens concrets de répondre à l'attente de nos concitoyens. Cette attente a été revivifiée récemment par les appels réitérés du pape en faveur d'une fraternisation de tous les croyants quelle que soit leur religion et le Nom de leur Dieu.

Leur ambition est donc de proposer un nouvel examen des sources de l'éthique par-delà une tradition purement moralisatrice et de lancer un « Appel à vivre ensemble » qui pourra circuler parmi tous les concitoyens. Cette démarche prend en compte tous les efforts pour penser un fondement universel à la loi morale dont nous avons tant besoin pour vivre. Mais elle tente également de comprendre comment la puissance du sentiment religieux et de la foi en l'amour peut signifier à l'homme que « la vraie morale se moque de la morale » (Pascal).

L'histoire de Moïse

> « Je vivrai donc toujours puissant et solitaire ?
> Laissez-moi m'endormir du sommeil de la terre ! »
>
> Alfred de Vigny, *Moïse.*

Il était une fois Moïse. L'homme dont la Tora, la Bible, le Coran nous racontent la formidable aventure. A travers ses joies et ses souffrances, malgré ses doutes, Moïse parvient jusqu'à nous par la force de sa foi si pure et si humaine. Toutes les grandes religions du Livre, judaïsme, christianisme, islam, le reconnaissent comme le premier grand Prophète de l'humanité.

Moïse — l'homme de Dieu. Voici maintenant son histoire, une nouvelle fois répétée, une nouvelle fois vécue par nous tous. Ensemble.

Tout commence, il y a environ trois mille trois cents ans, dans le delta du Nil, au nord de l'Egypte des Pharaons, dans le pays de Goshen. Voilà bientôt quatre siècles que les Hébreux séjournent en Egypte. Ils s'y sont rendus à l'invitation de Joseph, un des douze fils de Jacob. Vendu par ses frères à un marchand égyptien parce qu'ils ne supportaient plus son arrogance, il va gagner peu à peu la confiance de Pharaon jusqu'à devenir son conseiller et son ami. Mais à la mort de Joseph, les Hébreux se retrouvent sans protecteur, à la merci d'un peuple jaloux et intolérant. Utilisés comme de simples outils pour l'édification de la gloire et de la grandeur pharaoniques, les descendants d'Abraham élèvent des statues toujours plus massives à l'effigie de ceux qui les martyrisent, doivent bâtir des pyramides toujours plus hautes, et, par ce labeur surhumain, ils perpétuent malgré eux un culte en l'honneur d'hommes dont la mégalomanie ne connaît plus de mesure. Ils n'ont alors ni chef pour les libérer ni Dieu pour donner un sens à leur vie.

Subitement la situation s'aggrave encore : effrayé par le nombre croissant des fils d'Israël [1], Pharaon donne aux sages-femmes l'ordre de tuer tous les nouveau-nés mâles hébreux : « Quand vous accoucherez les femmes des Hébreux, regardez le sexe de l'enfant. Si c'est un garçon, faites-le mourir. Si c'est une fille, qu'elle vive », déclare-t-il. Lui qui n'a pas connu l'heureuse époque de Joseph, le fils de Jacob qui fut le ministre de son ancêtre, est prêt à tout pour enrayer la forte natalité de ce peuple d'esclaves qui, pense-t-il, pourrait se retourner d'un moment à l'autre contre ses maîtres en s'alliant avec les ennemis extérieurs de l'Egypte.

Mais les sages-femmes, craignant une punition divine, laissent vivre les enfants hébreux. Alors la colère de Pharaon redouble : les nouveau-nés mâles seront pas-

1. Ainsi nommés en mémoire de Jacob qui, à la suite de sa lutte avec l'« Envoyé de Dieu », est nommé par Lui Israël, c'est-à-dire : « tu as lutté avec Dieu ».

sés par le fil de l'épée ! Les mères d'Israël tentent malgré tout de soustraire leurs enfants aux coups des soldats. Yokébèd est l'une d'entre elles. Elle court vers le Nil et place son bébé dans une corbeille en papyrus qu'elle dépose sur le Fleuve. Miryam, sa fille aînée, accompagne le panier au fil de sa périlleuse navigation, et, cachée par les joncs des rives, assiste au sauvetage miraculeux de l'enfant.

Le Nil, Fleuve sacré, source de vie et de richesse pour tout un Royaume, se transforme subitement en trait d'union entre deux peuples que rien ne rapproche, entre deux femmes que tout oppose. Bithia est la fille de Pharaon. Elle habite le Palais royal, auprès de son frère le Pharaon. Sans doute stérile, elle languit d'ennui à la cour royale et, entourée de ses nombreuses courtisanes, s'adonne sans joie à de futiles passe-temps. La chaleur, accablant la terre d'Egypte et ses dieux vivants, pousse les mortels vers le Fleuve aux berges fraîches et aux eaux remuantes. En ce jour que l'on imagine figé dans la lumière du Soleil dieu, Bithia s'éloigne de la compagnie bruyante et joyeuse de ses suivantes. Elle suit lentement la rive, les genoux baignés dans le doux courant. Puis elle mouille ses longs cheveux noirs, commence à les laver soigneusement, fredonne une chanson... Alors, tranquillement, le petit bateau de fortune glisse jusqu'à elle. Un cri aigu s'en échappe. Elle l'ouvre, regarde : un petit garçon est là, qui pleure ! Elle reconnaît immédiatement l'origine du bébé : « C'est un enfant des Hébreux », dit-elle tout bas. Alors surgit Miryam qui, de sa cachette, a observé toute la scène. Avec une présence d'esprit surprenante, elle propose à Bithia de lui trouver une nourrice parmi les femmes des Hébreux pour allaiter le nouveau-né. Bithia accepte et Miryam court chercher Yokébèd pour lui rendre son enfant, le temps de lui donner le sein maternel. Une fois sevré, l'enfant retourne à sa mère adoptive. Elle en fait son fils en lui donnant le nom de Moïse car, dit-elle dans l'hébreu de la Bible, « je l'ai retiré des eaux ».

Ainsi s'achève le récit biblique de l'enfance de Moïse. La suite de son histoire nous transporte quarante ans plus tard, alors que son destin de prince égyptien est sur le point de basculer.

Que s'est-il passé entre-temps ? Comment Moïse a-t-il grandi ? Quelle était sa place dans la famille royale d'Egypte ? Connaissait-il la vérité sur son origine ? La Bible ne nous le dit pas. Nous avons donc imaginé sa vie jusqu'au moment où le récit reprend, lorsque Moïse assassine le soldat égyptien.

L'enfance de Moïse se déroule à la cour d'Egypte ; c'est celle d'un futur chef. Il y reçoit la meilleure éducation de l'époque et appartient à l'élite du Royaume. Il est élevé avec son cousin Ramsès, le vrai fils de Pharaon. Mais tout le monde, à commencer par le Pharaon, les considère comme deux frères tant ils se ressemblent par le caractère obstiné et la force virile. Entre eux, tout devient prétexte à compétition : courses de char, épreuves de force, séduction des femmes... Chacun cherche à supplanter l'autre dans le cœur du grand Pharaon. Simple jeu au départ, cette compétition se transforme peu à peu en une forme violente de rivalité. Rivalité politique pour la succession de Pharaon, mais aussi rivalité sentimentale : en effet Néfertari, la belle et sensuelle princesse égyptienne, devient l'enjeu ultime de leur compétition — celui qui régnera sur le Royaume d'Egypte l'épousera et en deviendra le maître.

Parvenu dans la force de l'âge, Moïse est prêt à prendre un avantage décisif sur Ramsès en devenant l'architecte d'une nouvelle ville édifiée à la gloire d'un Pharaon dont la santé décline. Mais un drame survient qui révèle à tous la véritable origine de ce fils adoptif. C'est, dans la Bible, le moment où le destin de Moïse bascule : alors qu'il se trouve parmi les esclaves hébreux pour vérifier sans doute quelques travaux de construction, il tue de ses propres mains, lui, le Prince d'Egypte qui pourrait hériter du trône de Pharaon, un soldat égyptien qui maltraite sous ses yeux un Hébreu. Avait-il déjà conscience de ses origines secrètes et voulait-il ainsi venger ses frères de sang de leur humiliation et de leurs souffrances quotidiennes ? Ou bien possédait-il un tel sens de la justice que son indignation devant la condition de ces esclaves s'est transformée en une colère meurtrière ? Cet assassinat restera un mystère absolu en même temps qu'un scandale : comment le premier de tous les Prophètes et leur modèle en somme, comment l'homme qui parlera « face à face » avec Dieu a-t-il pu commettre l'irréparable ? Comment a-t-il pu supprimer la vie d'un homme, lui qui, quelques années plus tard, descendra du mont Sinaï avec les Dix Commandements dont l'un ordonne : « Tu ne tueras point » ?

Le lendemain, alors qu'il revient enterrer le cadavre du soldat, il assiste à une dispute entre deux esclaves hébreux. Une nouvelle fois, cédant à son instinct pacificateur, Moïse se jette au milieu de la querelle pour y mettre un terme. « Pourquoi frappes-tu ton prochain ? demande Moïse à l'un des deux hommes.

— Qui t'a établi notre chef ? Qui t'a permis de nous juger ? lui rétorque l'Hébreu. As-tu l'intention de me tuer comme tu as tué l'Egyptien ? »

Moïse sait maintenant que son crime est découvert, mais il sait aussi qu'il ne doit rien attendre de ses nouveaux frères qui craignent encore en lui leur ancien maître. Condamné à mort par les Egyptiens, rejeté par les Hébreux, Moïse est contraint de fuir le Royaume dans lequel il a grandi et dont il pouvait devenir le Roi et le Dieu vivant. Alors commence la longue traversée du désert durant laquelle le prince Moïse connaît pour la première fois de sa vie la faim et la soif. Tout le jour, il subit la morsure du soleil et, le soir venu, il endure celle du froid dans l'angoisse de la canicule à venir. L'œil plein de visions, abruti de mirages, il s'enfonce chaque jour davantage dans cette immensité de sable et de roches dont les hautes montagnes aux cimes déchirées composent l'horizon uniforme. Agrippé à son bâton comme au seul soutien de sa vie, il lutte à chaque instant pour ne pas s'écrouler. Où trouve-t-il la force de survivre et d'avancer encore ?

Après avoir erré des mois sans rencontrer âme qui vive, Moïse finit par s'effondrer sur la margelle d'un puits en pays de Madiân, de l'autre côté de la mer Rouge, à l'est du golfe d'Aqaba, chez les païens d'Arabie.

Recouvrant peu à peu ses esprits, il s'aperçoit qu'il n'est pas le seul occupant de l'oasis : un groupe de femmes l'observe et chuchote en laissant fuser des éclats de rires aigus. Elles sont sept, entourées de leurs nombreux moutons qui se pressent auprès du puits pour s'y abreuver. Moïse, comprenant qu'elles se moquent de lui et de ses haillons, s'apprête à leur parler. Soudain surgissent des bergers d'un clan rival. Dans un grand tumulte, ils tentent de faire fuir les troupeaux des filles de Jéthro pour s'emparer du puits et de son eau précieuse. Moïse, malgré son état d'épuisement, s'interpose. Il saisit son bâton, et, avec une agilité incroyable, terrasse tous ses adversaires et chasse leurs troupeaux.

Séphora, l'aînée, court vite trouver son père, Jéthro. Comme celui-ci s'étonne de la voir revenir si tôt dans le campement, elle lui raconte ce qui vient de se passer : « Un Egyptien nous a délivrées de la main des bergers ; c'est même lui qui a puisé l'eau pour nous et qui a abreuvé le troupeau ! » lui dit-elle. Moïse, l'étranger du Royaume d'Egypte, sera donc accueilli comme un ami.

Jéthro le fait entrer sous sa tente et lui offre l'hospitalité des gens du désert. Il lui donne nourriture, vêtements et l'invite à s'installer avec eux, le temps qu'il voudra. Entre Moïse et Séphora la bergère, un lien intime fait de tendresse et de respect se noue peu à peu.

Au contact de Séphora, il oublie peu à peu les femmes égyptiennes, si expertes dans l'art d'aimer, la sensuelle et ensorceleuse Néfertari qui lui avait promis plaisir et pouvoir. Il apprend avec cette femme simple et aimante à calmer sa colère, à vivre humblement. Elle lui donne une famille, deux garçons, Guershôm et Eliezer. Son beau-père, Jéthro, lui confie ses troupeaux ; le Prince devient ainsi berger. Son travail, tout de patience et de solitude, le jette en de sombres et douloureuses méditations. Au cours des longues transhumances sans fin dans les paysages grandioses de la péninsule sinaïtique, le souvenir de cet Egyptien gisant sans vie à ses pieds ne cesse de le hanter. Mais c'est surtout vers son peuple souffrant et abandonné que vont ses pensées. N'a-t-il pas trahi les siens en s'enfuyant ainsi ? N'a-t-il pas aggravé leurs maux en les exposant à la colère de Pharaon ?

Moïse attend.

Un signe, une preuve, un appel... un événement qui lui révèle la vérité sur son destin.

Un jour, alors qu'il fait paître son troupeau sur les flancs du mont Sinaï, à l'extrême sud du désert de Paran, une brebis s'échappe. Il se lance à sa poursuite pour la rattraper, et, sans s'en rendre compte, parvient jusqu'au sommet de la montagne. Moïse ne sait pas qu'il est le premier homme à fouler le sanctuaire du Sinaï. Car cette montagne abrupte qui abrite un volcan en activité est considérée par les païens de Madiân comme la demeure des dieux. Leurs formidables pouvoirs font jaillir le feu de la roche et jettent parfois sur tout le pays alentour un épais voile de fumée. C'est pourquoi ils l'appellent aussi l'Horeb, c'est-à-dire la montagne de la Destruction.

Devant Moïse se déroule soudain un spectacle étrange et incroyable : un buisson prend feu, et pourtant les flammes ne le consument pas ! Frappé de stupeur, approchant pour voir pourquoi le buisson ne brûle pas, Moïse entend une voix qui l'appelle :

« Moïse ! Moïse !

— Me voici, répond-il.

— N'approche pas d'ici ! Retire tes sandales des pieds, car le sol que tu foules est une Terre sainte, dit la Voix. Je suis le Dieu d'Abraham, le Dieu d'Isaac, le Dieu de Jacob. »

Moïse d'un geste vif se voile la face : aucun homme ne peut regarder Dieu sans mourir.

« J'ai vu la misère de mon peuple en Egypte, poursuit la Voix de Dieu, et je l'ai entendu crier sous les coups de ses bourreaux. Oui, je connais ses souffrances. Je suis descendu pour le délivrer du joug des Egyptiens et le faire monter vers un bon et vaste pays, un pays ruisselant de lait et de miel. Va maintenant : je t'envoie vers Pharaon et tu feras sortir mon peuple Israël d'Egypte.

— Mais qui suis-je pour aller vers Pharaon, pour faire cela ? demande Moïse.

— Je serai avec toi, répond Dieu. Et quand mon peuple sera libéré, vous me servirez sur cette montagne.

— Ainsi, je vais dire aux Hébreux : le Dieu de vos pères m'envoie vers vous... Mais s'ils me demandent : quel est son nom ? que leur répondrai-je ?

— Dis-leur ceci : « JE SUIS QUI JE SUIS. » « JE SUIS »[1]

---

1. Le Nom de Dieu s'écrit en hébreu YHWH, ce qui signifie « je suis ». Par la suite, conformément au troisième commandement, les Hébreux prirent l'habitude de ne plus prononcer ce nom, et donc de le laisser écrit sous la forme de quatre consonnes inarticulables : YHWH.

m'a envoyé vers vous. Tu leur parleras ainsi : « L'Eternel, Dieu de vos pères, d'Abraham, d'Isaac, de Jacob, m'a envoyé vers vous. » C'est là mon nom à jamais, et c'est ainsi qu'on m'invoquera d'âge en âge. »

Puis l'Eternel dévoile à Moïse la manière dont Pharaon cédera à sa demande : il lui fait montre de ses pouvoirs en transformant son bâton de voyageur en un serpent redoutable.

Ainsi le Seigneur lui demandait de devenir le Prophète et le Libérateur de tout un peuple, d'être son guide jusqu'en Terre promise, ce pays rêvé où ruissellent le miel et le lait. La panique le saisit à la pensée de cette mission qu'il devra accomplir pour plaire à ce Dieu si puissant et si sévère. Et il est d'autant plus impressionné que dès sa jeunesse, il bégaie (ce qui lui fait dire non sans humour qu'il est « incirconcis de la bouche »). C'est pourquoi Moïse reprend : « Je t'en prie Seigneur, je n'ai jamais été doué pour la parole et les discours, car ma bouche est pesante et ma langue embarrassée !

— Qui a donné une bouche à l'homme ? Qui lui permet de parler, de voir et d'entendre ? N'est-ce pas Moi, ton Dieu ? Va maintenant ! Je te soufflerai ce que tu devras dire. »

Mais Moïse insiste : « Je t'en prie, Seigneur, trouve quelqu'un d'autre pour accomplir ta volonté. » Alors la colère de Dieu éclate contre Moïse : « Ton frère Aaron saura parler, lui. Je vais l'envoyer à ta rencontre et vous irez tous deux en Egypte. Je vous enseignerai ce qu'il faudra faire. Aaron parlera en ton nom au peuple : il sera ta bouche et tu seras son maître. Garde ce bâton, car il te servira pour accomplir des prodiges. »

Ainsi les Hébreux parlent de Dieu en utilisant des noms qui le désignent indirectement et qui donc ne le réduisent pas à un mot : Tétragramme, Elohim, Adonaï...

Ainsi Dieu était apparu — ainsi Dieu lui avait parlé... Et maintenant son destin l'attendait, là-bas, dans la lointaine Egypte, le pays qui l'avait vu naître.

Moïse rentre en toute hâte chez son beau-père et lui annonce son prochain départ. Il installe sa femme et ses deux fils sur un âne et reprend avec eux le chemin de l'Egypte, son bâton à la main. Comme l'Eternel le lui a promis, il retrouve son frère Aaron au pied de la montagne de Dieu. Après l'avoir embrassé avec joie, Moïse lui parle de sa Révélation et l'informe de la mission que Dieu leur a confiée. Il lui expose la stratégie qu'ils doivent suivre pour faire céder Pharaon : la menace de la colère divine et les prodiges que Dieu leur enverra.

Pendant ces quarante années la situation en Egypte a beaucoup changé. Pharaon est mort, emportant dans le royaume d'Osiris le regret d'avoir perdu son fils adoptif, d'avoir dû le renier, ce fils d'esclaves hébreux. Ramsès lui a donc succédé sur le trône avec sa femme Néfertari qui lui a donné un fils. Un nouveau règne commence dans la gloire et le faste de nouveaux monuments. Mais les décrets qui condamnaient Moïse à mort pour l'assassinat du soldat égyptien sont levés, ce qui lui permet de rentrer librement dans le Royaume.

Ainsi Moïse, cet homme bègue et colérique, devient le Messager de YHWH, « JE SUIS », et repart en Egypte pour exécuter la volonté divine. Il a quatre-vingts ans et Aaron quatre-vingt-trois ans.

Dès leur arrivée, Moïse et Aaron réunissent les Anciens d'Israël. Ils leur annoncent leur future libération et leur révèlent leur plan : tous comprennent que Dieu vient enfin à leur secours et ils se prosternent pour rendre grâce à leur Dieu et à son Messager. Puis ils se rendent au Palais de Pharaon, devant Ramsès, pour lui demander l'autorisation de quitter l'Egypte. « Ainsi a parlé notre Dieu : « Laisse partir mon peuple pour qu'il célèbre une fête en mon honneur dans le désert », affirme Moïse.

— Qui est ce dieu à qui je devrais obéir ? demande Pharaon. Je ne sais rien de lui et je refuse de vous laisser partir. Personne, jamais, ne me dictera ma conduite !

— Notre Dieu, le Dieu d'Israël, nous ordonne d'aller lui offrir un sacrifice à trois jours de marche de la frontière, insistent les deux frères. Nous devons y aller car nous craignons sa colère.

— Vous deux, vous cherchez seulement à détourner le peuple de ses travaux ! s'exclame Pharaon. Retournez à vos corvées ! »

Le refus de Pharaon semble définitif. Les Hébreux sont trop nombreux et trop utiles aux Egyptiens pour que la liberté leur soit rendue. Bien au contraire, Pharaon, irrité par ces revendications, donne à ses gardes l'ordre de ne plus fournir aux Hébreux la paille pour fabriquer les briques des monuments. Ainsi, ils devront non seulement aller eux-mêmes ramasser la paille, mais sans que la cadence de production ne diminue. Et les soldats de hurler dans tous les faubourgs de Tanis : « Allez vous-mêmes prendre de la paille là où vous en trouverez ! Mais n'oubliez pas : pas une brique de moins ! »

Les esclaves se plient une fois encore à la tyrannie de Pharaon — mais les Hébreux sont à bout de forces, travaillant nuit et jour, abrutis par des tâches épuisantes et interminables. Des plaintes commencent à se faire entendre. On cherche un responsable. Bientôt Moïse et Aaron sont mis en cause ; on les accuse d'exciter la cruauté de Ramsès contre les fils d'Israël. Contesté, Moïse se tourne vers l'Eternel, son Seigneur et lui demande : « Pourquoi m'as-tu envoyé ? Pourquoi fais-tu ainsi souffrir ton peuple ? Non seulement tu ne l'as pas délivré, mais ses souffrances ont augmenté !

— Tu vas voir, répond Dieu, ce que je vais faire à Pharaon, comment je vais le contraindre à vous laisser partir et même à vous expulser d'Egypte. Car c'est moi le Seigneur, ton Dieu. Je me suis manifesté à vos pères, Abraham, Isaac et Jacob — mais ils ne me connaissaient pas encore. Alors, je me suis engagé à leur donner le pays de Canaan où ils résidaient comme des émigrés. Puis j'ai entendu les plaintes des fils d'Israël et je me suis souvenu de mon Alliance. C'est pourquoi tu leur diras : « Je vous arracherai aux corvées que les Egyptiens vous imposent et Je vous délivrerai de leur servitude. » Vous serez mon peuple et Je serai votre Dieu. Puis, Je vous donnerai le pays que J'ai promis à vos pères, car Je suis l'Eternel, votre Dieu. »

Moïse répète toutes ses paroles à son peuple. Mais les Hébreux sont découragés par tant d'injustice et effrayés par la puissance de Pharaon, si bien que personne n'écoute ni ne croit Moïse. Balbutiant plus que jamais, celui-ci n'ose plus prendre la parole en public. Mais Dieu lui apparaît une fois encore et lui ordonne d'agir selon Sa volonté : « Vois ! Je t'établis comme Dieu pour Pharaon et ton frère Aaron sera ton Prophète, c'est lui qui répétera à Pharaon ce que tu lui diras. Et si Pharaon vous demande la preuve que vous agissez en mon Nom, qu'Aaron jette à terre ton bâton et il me craindra... »

Ainsi Moïse et Aaron se rendent chez Pharaon et Aaron jette son bâton devant Ramsès parce qu'il refuse de le laisser parler. Aussitôt le bâton se transforme en un serpent qui se cabre devant Ramsès. Sous la menace d'une morsure mortelle, Pharaon fait appeler les magiciens de sa cour. A peine arrivés, ils réalisent les mêmes prodiges : bientôt, sur le marbre du Palais, une multitude de serpents rampent et s'entrelacent. Cependant les spectateurs peuvent constater que le bâton-serpent des Hébreux est en train d'engloutir tous les autres. Pharaon ne laisse rien paraître de sa surprise ; il quitte la salle sans avoir exaucé la demande de Moïse.

Le Royaume ancestral d'Egypte devient alors la scène de l'affrontement entre les anciens frères, Moïse et Ramsès. Mais au-delà de cette lutte, il s'agit d'un véritable choc des mondes, d'un combat de dieux. Le vieux système polythéiste égyptien avec son panthéon de dieux innombrables contre le monothéisme des Hébreux dont Moïse restera pour toujours la figure tutélaire. D'un côté la magie païenne des sorciers et des prêtres égyptiens, leurs superstitions et leurs mystères ésotériques, de l'autre une religion abstraite, un culte dépouillé qui refuse l'anthropomorphisme, un Dieu transcendant, invisible, créateur de tous les êtres et de tous les mondes. L'enjeu de cette théomachie cosmique peut se résumer ainsi : lequel de ces deux systèmes, laquelle de ces deux croyances pourra s'affirmer comme l'unique vérité de l'Etre ?

Les dix plaies que Moïse, avec l'aide de YHWH, lance tour à tour sur l'Egypte constituent la réponse tragique à cette question : plus ferme est l'obstination de Pharaon, plus catastrophiques sont les fléaux qui s'abattent sur son pays et sur ses sujets. L'orgueil de Ramsès n'aura d'égal que sa mauvaise foi.

Moïse a bien vu lors de l'épisode du bâton-serpent que Pharaon ne se laisserait pas convaincre si facilement. Mais Dieu ne le laisse pas sans recours ; il lui explique comment procéder : « Pharaon s'obstine, lui dit-il. Attends-le un matin au bord du Fleuve. Prends avec toi le bâton qui s'est changé en serpent. Tu diras à Pharaon : « Tu n'as pas écouté ce que le Dieu d'Israël te demande. Mais maintenant entends ceci : je vais frapper les eaux du Nil avec ce bâton et elles se changeront en sang. Les poissons mourront, le Fleuve sera empuanti et les Egyptiens ne pourront plus boire son eau ! » » Et Dieu ajoute : « Dis à Aaron de prendre le bâton et d'étendre la main sur les rivières, les canaux, les étangs, les réserves d'eau — partout où l'eau coule dans le pays ! Alors tout ce qui est eau deviendra sang en Egypte ! » Le lendemain matin, Moïse et Aaron s'en vont trouver Pharaon qui se promène le long des berges accompagné de ses conseillers. Sous ses yeux, Aaron frappe le rivage de son bâton. Immédiatement l'eau limpide du Nil rougit : le sang coule comme d'une immense plaie entre les rives, remonte le cours de l'eau et empoisonne tous les poissons. Pharaon reste impassible devant ce spectacle terrifiant, car les sorciers qui l'entourent lui prouvent que leur magie est capable des mêmes sortilèges. Ramsès ne cédera pas encore : il rentre dans son Palais, le cœur endurci et l'esprit rassuré par la puissance de ses propres dieux. Mais pendant sept jours les Egyptiens doivent creuser la terre aux abords du Fleuve pour trouver de l'eau potable : ils savent déjà que leurs ennuis ne font que commencer.

Dès lors Moïse et Aaron vont livrer, avec l'aide de Dieu, une guerre sans merci au Roi d'Egypte et à ses prêtres idolâtres. A chaque nouvelle punition, pourtant, Pharaon semble sur le point de céder, en laissant partir ces Hébreux redoutables, mais, quand le mal disparaît, il revient sur sa décision et s'obstine à se croire supérieur. Après les grenouilles qui viennent se noyer par milliers dans le Nil et envahissent toutes les maisons des Egyptiens, jusque dans leurs lits, surgissent les moustiques en nuées si compactes que le soleil en est comme obscurci. Dès ce moment, les prêtres égyptiens ne parviennent plus à égaler par leur magie les prodiges du Dieu d'Israël. Ils s'en inquiètent auprès de Pharaon : « Ce ne peut être que l'œuvre d'un dieu », affirment-ils.

Pourtant Ramsès continue à nier l'existence de ce Dieu. Aussitôt le quatrième fléau s'abat sur l'Egypte sous la forme d'une vermine répugnante : hommes et femmes sont assaillis de poux et de puces. Mais les Hébreux de Goshen échappent à ce fléau qui infecte tout le pays. Pharaon fait appeler Moïse et son frère. « Allez offrir des sacrifices à votre Dieu, mais faites-le ici ! » Cette proposition cache en fait un piège, car le bétail que les Hébreux pourraient offrir en holocauste au Seigneur est sacré pour les Egyptiens. Ils se feraient donc lapider s'ils sacrifiaient devant eux, sur leur terre. Moïse refuse et demande l'autorisation d'aller dans le désert avec tout son peuple. Pharaon donne l'impression de céder : « Je vous laisserai partir, mais demande à ton Dieu d'avoir pitié de moi ! » Le lendemain les poux et les puces disparaissent ; mais Pharaon ne les laisse pas partir.

Alors la colère de Dieu continue son œuvre. Pharaon sera puni à travers son peuple martyrisé par les fléaux que lui lance Moïse. La peste décime tous les troupeaux égyptiens alors que chez les Hébreux pas une seule bête ne meurt. Puis Moïse prend dans ses mains de la suie et la jette à la figure de Pharaon. Alors la peau des Egyptiens se couvre de furoncles et de pustules infectées. Même les prêtres royaux en sont défigurés. Cependant le cœur de Pharaon reste endurci car Dieu veut le punir jusque dans son orgueil insensé.

Au matin de la septième plaie, Moïse vient trouver Ramsès dans son Palais et lui parle ainsi, au nom de son Dieu : « Si j'avais voulu, je t'aurais frappé de la peste, toi et ton peuple, et tu aurais disparu de la surface de la terre. Mais si je t'ai épargné, c'est pour que tu connaisses mon pouvoir et que la terre entière glorifie mon Nom. Maintenant laisse partir mon peuple, sinon je ferai pleuvoir demain une grêle comme l'Egypte n'en a jamais connu. Que tout homme et toute bête qui sont aux champs se mettent à l'abri, sinon ils mourront ! » Comme Pharaon ne lui donne toujours pas satisfaction, le jour même, Moïse tend son bâton vers le ciel et déchaîne un violent orage. La grêle fauche l'herbe, brise les arbres et massacre les hommes et les animaux qui ont négligé de se mettre à l'abri. Bien sûr le pays de Goshen est épargné. Lorsque Moïse fait cesser l'orage et la grêle, la volonté de Pharaon reste une fois de plus inébranlable. Moïse en est conscient : « Je sais que ni toi ni ceux qui t'entourent ne Le craignez encore. »

Pourquoi tant d'acharnement de la part de Pharaon ? Dieu en révèle la vraie raison : « C'est Moi qui provoque son refus afin de réaliser tous ces prodiges, pour que tu les racontes à tes fils et aux fils de tes fils et que vous sachiez que Je suis l'Eternel. » La huitième plaie s'abat sur l'Egypte sous la forme d'une pluie de sauterelles. Les insectes envahissent les récoltes et dévorent tout ce que la grêle avait épargné. Les champs en sont recouvert. Pharaon, sous la menace d'une émeute populaire, donne enfin son autorisation — mais seuls les mâles hébreux pourront quitter l'Egypte. Moïse refuse. Alors, aux sauterelles succèdent les ténèbres qui plongent l'Egypte dans une obscurité totale. Durant cette nuit de trois jours, personne ne se déplace, le pays est totalement paralysé. Pharaon convoque une fois de plus Moïse :

« Allez rendre un culte à votre Dieu, mais laissez ici votre bétail.

— Impossible, lui répond Moïse, car ce sont nos bêtes et nos troupeaux que nous devons offrir en sacrifice à notre Dieu.

— Hors d'ici ! Et ne reparais plus jamais devant moi ! hurle Pharaon excédé. Le jour où tu reverras mon visage, tu mourras !

— C'est toi qui l'as dit ! Mais écoute une dernière fois les paroles de mon Dieu : « Vers le milieu de la nuit, je passerai à travers l'Egypte et tous les premiers-nés mourront, ceux des hommes comme ceux des animaux. Alors on entendra un grand cri de douleur monter de tout le pays... Un cri effroyable qui jamais ne fut et plus jamais ne sera. Mais chez les Hébreux, mon peuple, pas un chien ne grognera contre qui que ce soit. » Alors, tous ceux qui te servent nous supplieront de partir ! Tremble Ramsès, car ton propre fils, ton héritier mourra ! » Le dixième fléau est annoncé — le plus terrible, l'ultime punition de Dieu.

Moïse et Aaron quittent le Palais de Pharaon et regagnent le ghetto des Hébreux. Ils réunissent le peuple et lui annoncent ce qui va se passer au cœur de la nuit et ce qu'il faudra faire pour que Dieu les épargne. Ainsi naît le rituel de la Pâque qui célèbre le passage de Dieu parmi son peuple. L'agneau pascal sera égorgé le 14 du mois des épis (Nissan), lorsque la nature se réveille de son long sommeil hivernal. Le sang de l'agneau est étalé sur les deux montants et sur le linteau des maisons dans lesquelles il sera mangé. Cette marque, la lettre (*hé* en hébreu) qui est doublement présente dans le Tétragramme, doit permettre à Dieu d'épargner les familles des Hébreux.

« Cette nuit-là, prévient Dieu, vous mangerez la chair rôtie au feu, avec des pains sans levain et des herbes amères. S'il reste des morceaux, brûlez-les. Vous mangerez à la hâte, prêts à partir : vêtus pour la route, les sandales aux pieds et le bâton à la main. » Et Moïse se fait l'écho vibrant du langage que Dieu lui parle : « Cette nuit, la dernière que nous passons en Egypte, est une nuit de veille que toutes les générations, d'âge en âge, respecteront, car elle appartient à Dieu. Ainsi lorsque vous serez entrés dans le pays que Dieu vous a promis, vous vous souviendrez de ce moment et pendant sept jours, vous mangerez des pains sans levain. Le septième sera jour de fête pour tout le peuple. Et quand vos fils vous demanderont : « Pourquoi cela ? » Vous leur répondrez : « C'est en ce jour que l'Eternel nous a fait sortir d'Egypte, par la force de sa main. » En mémoire de ce jour, que tout premier-né mâle lui soit consacré, qu'il soit homme ou bête. »

En entendant ces paroles sacrées, le peuple d'Israël s'agenouille et se prosterne. Puis chacun se prépare pour la terrible nuit qui vient. A minuit, au cœur de la nuit, du milieu de son profond silence, des cris s'élèvent : c'est la mort qui pénètre dans les maisons de l'Egypte et qui frappe tous les premiers-nés. Jeunes ou vieux, hommes ou femmes, animaux, prisonniers, et même le fils de Pharaon comme l'avait prévu Moïse. Le pays entier gémit du râle des mourants.

En toute hâte, Pharaon, anéanti par cette dernière punition, fait chercher les deux frères : « Partez ! Sortez du milieu de mon peuple ! Emmenez votre bétail, faites comme vous le souhaitez, mais allez-vous-en ! Non, attendez... Je vous en prie, avant de partir, bénissez-moi pour que votre Dieu nous épargne ! » Et tous les Egyptiens hurlent de terreur en une plainte unanime : « Nous allons tous mourir ! Allez-vous-en ! Tous ! »

Le Prophète et son peuple sortent vainqueurs de ce bras de force : ils quittent l'Egypte, terre impie, ravagée par les malédictions, meurtrie par la juste colère de Dieu. Enfin libres après quatre cent trente années de servitude ! Libres de partir vers cette Terre promise « ruisselante de miel et de lait » ! Libres d'adorer le Dieu qui les a sauvés et qui leur a rendu leur dignité ! Ainsi commence en ce premier jour de Pâque le grand exode des Hébreux à travers le désert : six cent mille femmes et hommes en route qui portent la joie et l'espoir d'un nouveau monde.

Mais la partie n'est pas encore gagnée, car Pharaon fomente sa vengeance, poussé par la jalousie et la haine de sa femme Néfertari. Il tente de rattraper les Hébreux pour leur faire payer la mort des siens. Dieu prévient Moïse et lui indique l'endroit où ils doivent camper sur le rivage de la mer des Joncs : « Pharaon pensera que vous vous êtes égarés, prisonniers du désert. J'endurcirai son cœur une dernière fois et il se lancera à votre poursuite. Mais ce que Je ferai alors prouvera à tous que c'est Moi le Seigneur ! »

Cependant, lorsque les Hébreux aperçoivent les six cents chars de l'armée égyptienne, la panique les saisit : il semble que toute l'Egypte marche derrière eux. « Pourquoi nous as-tu fait sortir d'Egypte ? Tu aurais dû nous laisser servir les Egyptiens. Mieux vaut être esclave en Egypte que mort au désert ! » crie le peuple en direction de Moïse. Mais celui-ci les rassure : « N'ayez crainte ! Tenez bon ! Vous voyez les Egyptiens aujourd'hui pour la dernière fois ! Car le Seigneur combattra pour nous ! » Alors Moïse donne à son peuple l'ordre de se mettre en route... mais devant eux il n'y a que les eaux de la mer ! Dieu dit à Moïse : « Lève ton bâton, étends ta main sur la mer et fends-la pour que ton peuple puisse passer à pied sec. » La main de Moïse se lève et passe sur la mer comme une caresse furtive. Au même moment un fort vent d'est se lève, refoule les eaux et les fend en deux murailles distinctes. Les Hébreux s'engagent entre les colonnes d'eau vive maintenues verticalement par une force invisible. Pendant ce temps la nuée, une tornade de feu qui avait guidé les Hébreux jusqu'en ce lieu, passe sur leur arrière et immobilise les Egyptiens qui assistent, pétrifiés, à la traversée de la mer Rouge à pied sec ! Et lorsque la nuée disparaît, ils s'engagent eux aussi dans le profond sillage des eaux, tentant de rejoindre les fugitifs. Mais, à cause de la nuée du

Seigneur, les roues de leurs chars se bloquent, ce qui rend leur conduite difficile. Alors les soldats égyptiens se rendent enfin compte de la puissance du Dieu qui défend Israël. Pleins d'effroi, ils décident de faire demi-tour. Mais trop tard... En cet instant, Moïse, qui est parvenu sur l'autre berge avec tout son peuple, étend la main sur la mer : dans un grand fracas diluvien les eaux s'effondrent sur les chars des Egyptiens, les brisent et noient jusqu'au dernier soldat. Ramsès est sauf mais définitivement vaincu.

Ce dernier prodige auquel tous les Hébreux assistent achève de les convaincre que le Dieu de Moïse est bien l'Eternel et le Tout-Puissant. Pour fêter cette victoire décisive, ils se mettent à chanter et à danser au bord de la mer. Joie, chants de joie... Liberté, je crie ton nom ! Miryam, la sœur de Moïse et d'Aaron, prend son tambourin et toutes les femmes l'accompagnent en dansant autour d'elle : « Chantez l'Eternel / pour sa Gloire sans pareille. / Chevaux et cavaliers / à la mer Il les a jetés ! »

Après cette fête célébrant la liberté retrouvée, la longue marche dans le désert apporte son lot de douleurs et de déceptions. Dès le troisième jour la soif fait sentir sa terrible morsure. Et lorsqu'ils parviennent auprès d'une oasis, l'eau est tellement amère qu'ils ne peuvent la boire. Des plaintes s'élèvent ; on critique Moïse, chacun craint pour sa vie : « Tu nous as fait venir dans ce désert pour nous laisser tous mourir de faim et de soif ! En Egypte au moins, nous avions de quoi boire et manger... » Celui-ci se tourne vers Dieu qui lui indique une sorte d'écorce. Le Prophète en jette un morceau dans l'eau et immédiatement elle devient douce. Les Hébreux peuvent se désaltérer — le soulèvement n'aura pas lieu, l'autorité de Moïse ne sera pas encore renversée...

Pendant trois mois, ils suivent la nuée du Seigneur qui les conduit lentement vers le Sinaï. Nourris par des cailles providentielles, et par la manne (une nourriture blanche, au goût de miel, semblable à la graine de coriandre) que Dieu fait tomber du ciel, les Fils d'Israël sont tout entiers sous la coupe de YHWH. Israël, peuple à la nuque raide ! Israël, unique souci de ton Dieu jaloux ! Peuple élu, installé dans la Gloire de Dieu, plus rien ne semble pouvoir lui résister, pas même la tribu du Roi Amalek que Josué, à la tête de la nouvelle armée israélite, écrase sous les yeux de Moïse, dont les bras levés vers le ciel soutiennent les forces des Hébreux.

Le troisième mois après leur départ d'Egypte, ils arrivent dans le désert du Sinaï et établissent leur campement face à la montagne de Dieu. La rencontre entre Dieu et son peuple va enfin avoir lieu... Une première fois, Moïse grimpe en haut du sommet. Dieu l'y prévient qu'une Alliance sera conclue entre Lui et Israël, à la condition que les Hébreux s'engagent à respecter ses commandements. Moïse, redescendu au campement, en informe les Anciens : « Tout ce que Dieu a dit, nous le ferons ! » crient-ils. Trois jours après, au matin, une épaisse nuée apparaît sur le Sinaï accompagnée d'éclairs et de tonnerre tandis que résonne le son grave d'un cor. Tout le peuple rassemblé, au pied de la montagne, tremble de frayeur, car il sait que ce sont là les signes de la rencontre. Au dernier moment, Moïse et Aaron leur ordonnent de ne pas les suivre jusqu'au sommet, car la vision de Dieu leur serait fatale. Aaron repart dans le camp pour surveiller le peuple. Seul Josué, le fidèle de Moïse, accompagne son maître jusqu'à mi-chemin. Puis Moïse s'enfonce seul dans la nuit épaisse et sacrée du Sinaï.

Pendant six jours, la gloire de Dieu demeure sur la montagne : c'est comme un feu qui embrase le sommet et qui désigne à tous que le Créateur, le maître de l'Etre est là, qu'Il se fait monde, qu'Il se fait verbe. En ce septième jour, qui appartient à tous les jours et à tous les lieux, Dieu prononce ces paroles qui resteront gravées dans la pierre du volcan et dans le cœur des hommes : « Je suis l'Eternel, ton Dieu, qui t'ai fait sortir d'Egypte et de l'esclavage... » Ainsi débute la première (et unique) Déclaration des devoirs de l'homme. Suivent l'interdiction du polythéisme, de l'idolâtrie, du blasphème, l'ordre du sabbat, le respect des pères et mères, l'interdiction du meurtre, de l'adultère, du vol, du faux témoignage et de la convoitise.

Tels sont les Dix Commandements de Dieu — telle est la Loi pour l'homme. Car, en faisant Alliance avec Dieu, c'est envers l'homme que les hommes s'engagent, en dépit de toutes leurs faiblesses qui les rendent égoïstes, tyranniques, individualistes... Inspiré par l'esprit de Dieu, Moïse formule pour la première fois la Règle d'or de l'humanité dont l'universalité est notre signe de reconnaissance, dont l'évidence fait vivre dans tous nos cœurs le sentiment chaleureux du respect et de l'amour : « Fais à l'autre ce que tu voudrais qu'il te fît[1]. » Moïse reçoit alors les Tables de la Loi : la main de Dieu a tracé par le feu les signes sacrés dans la pierre — stèles où s'incruste, en marge des âges, la rencontre du ciel et de la terre...

Moïse reste là pendant quarante jours et quarante nuits, sans manger ni boire, infiniment recueilli au cœur de la présence divine. Mais, pendant ce temps, dans la plaine, le peuple s'inquiète de ne pas le voir revenir. Ils vont trouver Aaron qui, lui non plus, ne sait que faire devant l'absence prolongée de son frère. « Fais-nous un

---

1. Et ce sont ces mêmes paroles que nous retrouverons relatées par les Evangiles dans la bouche de Jésus.

dieu qui marche à notre tête, car ce Moïse, l'homme qui nous a fait sortir d'Egypte, nous ne savons pas ce qu'il est devenu », lui demandent les Hébreux. Aaron hésite un instant, il mesure la gravité de sa décision : s'il accepte, cela signifie que les efforts de Moïse pour les libérer auront été vains, que l'idolâtrie et la servitude spirituelle qu'elle implique règnent encore sur ce peuple ingrat et mécréant ; s'il refuse, il perd le contrôle de la situation et prend le risque de les voir faire demi-tour vers l'Egypte. Aaron n'a donc pas vraiment le choix. Il s'exécute. Après avoir fait la collecte de tous les bijoux en or que les Hébreux ont soutirés aux Egyptiens avant de partir, il façonne une statue aux dimensions exactes : un Veau d'or ! « Voici votre dieu, celui qui vous a fait sortir d'Egypte », leur déclare Aaron, la mort dans l'âme. A ces mots, le peuple exulte, une grande liesse s'empare de lui. Tout ce que les Hébreux ont refoulé depuis la sortie d'Egypte, privations, souffrances, incertitudes, rites magiques, tout ce que Moïse leur a interdit de faire en les menaçant de la colère divine resurgit sous la forme d'une immense orgie dont le foyer incandescent est cette statue dorée, symbole improbable d'une nature matricielle, symbole intolérable de l'asservissement des hommes aux idoles... Plus rien ni personne désormais ne peut arrêter la chute d'Israël dans le plus primitif et barbare des paganismes. Alcool, débauche sexuelle, blasphème, bagarres... on songe même à faire couler du sang humain pour en faire don à l'idole bovine !

Au plus fort de la fête, Moïse redescend les pentes du Sinaï, les bras chargés des deux Tables de la Loi. Il retrouve Josué qui lui signale aussitôt les étranges clameurs provenant du camp :

« On dirait des bruits de guerre, ajoute Josué.

— Détrompe-toi, Josué, ce ne sont ni des bruits de

guerre ni des chants de victoire. J'entends les échos de cantiques. »

Alors Moïse aperçoit les Hébreux, vautrés dans la luxure, excités par l'ivresse, soulevés au rythme infernal d'une danse obscène... Semblable à l'orage qui vient crever de ses éclairs le ciel bas et lourd, sa colère éclate et fige les Hébreux dans une terreur sacrée. Il jette à terre les Tables qui se brisent au pied de la montagne, puis saisit le Veau et le lance dans le feu ; quand celui-ci est totalement calciné, il le réduit en fine poussière qu'il mélange à de l'eau et qu'il fait boire aux Fils d'Israël. Pour eux tous, le temps est venu de payer cette faute, à commencer par ceux qui ont contraint Aaron à fabriquer le Veau d'or. Mais la mort des centaines de fautifs, massacrés par la tribu des Lévi, ne suffit pas à apaiser le courroux divin : tous les survivants devront errer encore quarante ans avant d'atteindre et de mériter la Terre promise. Beaucoup périront au cours de cet interminable cheminement.

Le convoi reprend lentement la route du désert, avec, protégée en son sein, l'Arche d'Alliance contenant les Tables que Dieu, dans un geste de pardon, a de nouveau données au Prophète pour sceller son Alliance avec Israël. Depuis ses longs séjours sur le mont Sinaï, Moïse, dont le visage rayonne d'une lueur mystérieuse et insoutenable pour des yeux d'homme, marche seul en tête. Cet isolement désiré le rapproche de Dieu, lui permet de se recueillir et de mettre par écrit son histoire et celle de son peuple (ce qui deviendra la Tora hébraïque) : il continue, avec un absolu dévouement, de noter les paroles que le Seigneur lui adresse pour préciser tel ou tel aspect de la Loi. Malgré sa solitude, jamais encore il ne s'est senti si près de ces hommes dont il trace pour les siècles à venir les règles de vie, les codes de la justice et de la paix. Pendant ses quarante dernières années, Moïse n'est déjà plus de ce monde. C'est Josué qui a pris le commandement politique et militaire d'Israël. Sa jeunesse, son intelligence de la stratégie et son attachement inconditionnel à Moïse en font le chef naturel des Hébreux et l'unique successeur du Prophète. Miryam et Aaron ont la charge du sanctuaire : ils veillent sur l'Arche et président aux rituels religieux. Eux seuls ont le droit de toucher les objets sacrés, eux seuls peuvent prononcer le Nom divin. Ainsi naît la tradition des lévites, ces prêtres qui gardent le Temple et qui sont tous issus de la tribu des Lévi (à laquelle Moïse appartient également).

Moïse meurt sur le mont Nébo face à la Terre promise dans laquelle pénètrent sous ses yeux Josué et la foule innombrable des Hébreux. « Son œil n'était pas éteint, ni sa vigueur épuisée », dit la Bible. Moïse restera pour Israël et pour l'ensemble des nations le Prophète des Prophètes.

On ne finit jamais l'histoire de Moïse. Car cette histoire n'existe que pour être sans cesse réinventée. Chacun se l'approprie, la fait sienne, avec ses propres mots, avec ou sans la foi, mais toujours avec le désir inconscient et incessant d'en percer les mystères. Car ce ne sont pas les points d'interrogation qui manquent : pourquoi cet homme bègue, colérique, homicide a-t-il été choisi par Dieu pour Le représenter aux yeux du monde ? Pourquoi lui ? Pourquoi un Prince égyptien est-il devenu contre toute attente (sa naissance ne suffit pas à justifier son retournement en faveur des Hébreux) le Prophète d'un peuple d'esclaves, d'un peuple versatile, qui ne perd pas une occasion de douter de lui et de son

Dieu ? Pourquoi enfin n'a-t-il pas, lui l'homme de Dieu, celui qui lui parlait « face à face », franchi le Jourdain et pénétré en Terre promise ?

« Son œil n'était pas éteint... » Il aurait donc pu fouler le sol du pays ruisselant. Au monde des hommes, peut-être préféra-t-il l'intimité de Dieu... Plutôt que d'habiter la terre fertile, ferment d'une nouvelle civilisation, peut-être choisit-il de s'ensevelir dans la poussière du désert aride — le terme de la marche a moins de sens que la quête qui y conduit.

Moïse, l'homme du désert.

Les huit personnages

AARON, LA BOUCHE DE MOÏSE, LE PREMIER DES GRANDS PRÊTRES

Etat civil

Fils d'Amram et de Yokébèd, il est le frère de Moïse (son aîné de trois ans) auquel il sert de porte-parole. Il deviendra le représentant des prêtres de Yahvé (ceux qui sont seuls autorisés à officier dans le sanctuaire et à faire les sacrifices pour Dieu) et leur donnera le nom de sa tribu (Lévi) : les lévites. Sa sœur est Miryam. Sa femme, Elichèba, lui donnera quatre enfants, dont Eléazar qui prendra sa succession au titre de grand prêtre.

Caractère

Le personnage d'Aaron est toujours attaché à Moïse : il devient sur l'ordre de Dieu son porte-parole et l'accompagne à la cour de Pharaon pour participer activement aux châtiments des dix plaies. Son personnage est sobre et profond car c'est un homme de prière et de culte. Sa fidélité à Moïse est presque sans faille : c'est lui qui vient le rejoindre dans le désert quand Yahvé le renvoie en Egypte pour délivrer Israël. Et c'est également lui qui lui prête sa bouche quand il faut parler vite et informer les Anciens des projets de Moïse et de Yahvé. De ce fait il a aussi un rapport privilégié avec Yahvé : c'est un des premiers à comprendre que Moïse dit la vérité au sujet de Dieu et donc à croire en la possibilité d'une Alliance avec l'Eternel, le Dieu de ses ancêtres.

Cependant, contrairement à Josué, il est capable de douter de Moïse et même d'enfreindre les Commandements de Dieu. C'est le célèbre épisode du Veau d'or qu'il va lui-même façonner pour calmer les angoisses des Hébreux, mais aussi pour sauver sa vie. Il cède donc à la tentation et au péché. Comment comprendre ce moment d'égarement chez un homme qui est pourtant parmi les plus pieux d'Israël ? D'abord cela montre combien le climat était tendu dans le désert, lors de cet exode sans fin. Mais ce péché met au jour les limites du pouvoir sacerdotal qui n'est pas encore bien affirmé ou qui n'est pas encore appuyé par un exécutif puissant, de type royal.

Malgré ces erreurs, la figure d'Aaron brillera d'un prestige indéniable dans la tradition judaïque pour laquelle il restera le premier gardien du sanctuaire, mais aussi dans la tradition chrétienne puisque les souverains pontifes romains seront souvent comparés à Aaron.

Les événements importants

— Aaron rejoint Moïse et sa femme dans le désert avant qu'il ne rentre en Egypte affronter Pharaon : c'est Yahvé qui l'envoie à la rencontre de son frère.

— Les dix plaies d'Egypte : c'est Aaron qui tient le bâton de Moïse pour envoyer sur Pharaon les trois premières plaies.

— Le Veau d'or et la tentative de trahison avec l'appui de Miryam : par deux fois Aaron met en question l'autorité ou l'enseignement de Moïse. A chaque fois Moïse pardonne et Yahvé exauce l'humble pardon de Moïse.

— La punition de Dieu : à cause de l'affaire des eaux de Mériba où Moïse et lui accomplissent un miracle en leur propre nom et non à la gloire de Dieu, il est condamné avec son frère à ne pas entrer en Terre promise. Mais il meurt avant Moïse sur la montagne de Hor.

BITHIA
LA MÈRE ADOPTIVE DE MOÏSE

Etat civil

Bithia est la princesse égyptienne qui recueille Moïse sur les eaux du Nil. Elle est fille de Pharaon et c'est la sœur de Pharaon.

Caractère

Elle a adopté Moïse car elle est sans doute stérile. L'occasion de recueillir un enfant, quelle que soit son origine, se présente pour elle comme un cadeau des dieux. Elle n'hésite donc pas à en faire un des descendants possibles de la famille royale, malgré la condamnation de Pharaon, son frère, qui frappe de mort tous les nouveau-nés mâles des Hébreux. Moïse retrouve en elle une vraie mère qui le chérit et l'aime comme son fils unique. Jusqu'au bout elle se convainc que jamais il n'apprendra la vérité sur son identité et sur sa race. Mais le destin veut que Moïse comprenne qui il est vraiment et choisisse de retourner auprès de son peuple pour en connaître la condition et endurer avec lui l'esclavage.

Dans le film de Cecil B. DeMille, Bithia décide de suivre son fils parmi les siens. Elle est d'abord chassée de la cour par Séti pour lui avoir menti au sujet de Moïse, cet homme qu'il croyait être de sa race et de sa lignée et qu'il aimait comme un fils jusqu'à le préférer à Ramsès, son véritable héritier. Mais, au lieu de s'exiler dans une province reculée du Royaume, elle choisit de partir avec les Hébreux et de quitter l'Egypte. L'amour qu'elle lui porte est donc plus fort que le respect des différences sociales et « raciales ». Bien plus, elle renoncera petit à petit à ses dieux tutélaires et à ses croyances ancestrales. C'est donc l'exemple le plus parlant d'une conversion au nouveau Dieu que Moïse annonce à la terre tout entière. L'histoire de Bithia nous montre en effet que l'existence de Yahvé, le Dieu unique, concerne les hommes dans leur totalité et leur diversité, et que cette religion monothéiste a une vocation universelle. Même si les croyances, les habitudes ou les opinions ont la vie dure, Bithia, aidée par Moïse, guidée par le Prophète sur la voie de Dieu, est capable d'accomplir le saut de la conversion qui donne la foi en même temps qu'il dépouille l'existence humaine de tous ses éléments superflus et accessoires (la position sociale, l'argent, les honneurs, les superstitions).

Ainsi, elle est la première à rejoindre Israël, ce peuple d'esclaves qu'elle et les siens ont humilié pendant quatre cents ans. Sa décision a une valeur symbolique très forte si on met de côté le fait qu'elle est la mère adoptive de Moïse. Elle choisit de vivre à égalité avec des hommes et des femmes qu'elle dominait jadis. Et cette égalité n'est possible qu'en Dieu : le Dieu de tous les hommes.

JOSUÉ
LE BRAS ARMÉ D'ISRAËL, LE SUCCESSEUR DE MOÏSE

Etat civil

Fils de Nun, il appartient à la tribu d'Ephraïm, un des fils de Joseph. Son nom signifie en hébreu « Yahvé sauve » ou « Yahvé est salut ». A l'époque du Nouveau Testament, ce nom devient Yéchoua et en grec Jésus.

Caractère

Il est jeune et vigoureux. C'est un homme fort qui, lorsqu'il était esclave en Egypte, taillait les blocs de pierre pour élever les pyramides. Après la sortie d'Egypte, il deviendra un des grands généraux d'Israël, témoignant de sa vaillance pendant la bataille contre le roi Amalek, dans le désert. Il sait mener le combat et diriger hommes et guerriers.

Moïse lui donne sa confiance et fait de lui son serviteur puis avant de mourir sur le mont Nebo, aux portes de la Terre promise, son successeur. Josué considère Moïse comme son père spirituel et peut-être même comme son père adoptif. Moïse lui apporte la sagesse qui tempère son impulsivité et son impatience et lui enseigne la connaissance des choses sacrées qui nourrit sa curiosité et son anxiété face à Dieu. Bref, Moïse est le véritable éducateur de Josué. Il a confiance en lui et le forme dans le but secret d'en faire un chef capable non seulement de gagner les territoires promis mais aussi d'organiser la vie de la communauté une fois celle-ci installée. Car c'est une tâche aussi rude que de sortir d'Egypte qui attend Israël : il leur faudra quitter le mode de vie des nomades pour se sédentariser et vivre de leurs propres travaux et non plus de l'unique aide de Dieu (la manne du désert). Mais surtout il leur faudra résister aux tentations des dieux et des idoles des peuples locaux, les Cananéens. L'histoire de cette installation réussie est racontée dans le livre de Josué qui suit immédiatement le Deutéronome, à la fin duquel Moïse meurt.

Les événements importants de la vie de Josué

— La victoire contre Amalèk : le combat a lieu dans le désert près de Rephidim, le village de Jéthro. Josué gagne la bataille grâce à son propre génie mais aussi avec l'aide de Dieu qui est ici symbolisée par les bras tendus de Moïse : quand les bras tombent l'armée d'Israël faiblit, c'est d'ailleurs pourquoi Aaron et Hour lui soutiennent les bras jusqu'au coucher du soleil.

— Le serviteur de Moïse : c'est lui qui l'accompagne lorsque Moïse reçoit de Yahvé les Tables de la Loi. Il reste à mi-chemin du sommet mais ainsi il ne participe pas à l'orgie du Veau d'or. Quand il redescend avec Moïse et qu'il entend les clameurs du peuple il affirme : « Bruit de guerre dans le camp ! » Mais Moïse lui répond : « Ce que j'entends, c'est un bruit de cantiques ! » Cantiques destinés à la statue du Veau d'or. De même lorsque Moïse se retire dans la tente de la rencontre pour s'entretenir avec Dieu, c'est Josué qui monte la garde et veille à ce que personne d'impur ne pénètre dans l'enclos sacré. Son zèle et son dévouement resteront toujours en éveil.

— L'espion en terre de Canaan : Moïse envoie douze espions (un par tribu) en Terre promise pour évaluer la situation avant de tenter quoi que ce soit. Seuls Caleb et Josué font un rapport optimiste ; tous les autres, effrayés par l'importance des armées cananéennes, plaident pour le retour en Egypte. Ce défaitisme est interprété par Moïse comme une insulte à la toute-puissance divine. Dieu se manifeste alors pour punir les pessimistes et les mécréants. C'est une des raisons pour lesquelles les Hébreux âgés de plus de vingt ans (hormis Josué et Caleb) n'entreront pas en Terre promise.

— Le successeur de Moïse : la scène se passe sur le mont Nébo, dans le pays de Moab, alors que Moïse annonce à ses proches qu'il va mourir. Moïse et Dieu Lui-même révèlent à Josué son destin dans la « tente de la rencontre » (le sanctuaire) : conquérir la Terre promise, « la terre ruisselante de lait et de miel », mais aussi connaître la menace de la colère de Dieu lorsque Israël, par faiblesse et désobéissance envers les commandements de Dieu, brisera l'Alliance.

— L'Alliance de Sichem : avant de mourir, Josué réunit les douze tribus d'Israël à Sichem qui est le premier lieu saint du peuple hébreu (c'est le premier autel qu'Abraham élève en Canaan). Cette ultime réunion prouve la réussite de la conquête : après la première victoire à Jéricho et bien d'autres batailles gagnées, les tribus ont chacune conquis leur territoire. Josué peut être considéré comme celui qui a réalisé tous les espoirs de Moïse.

MIRYAM
LE CHARME D'ISRAËL : LE CHANT ET LA DANSE DE LA LIBERTÉ

Etat civil

Fille d'Amram et de Yokébèd de la tribu des Lévi, elle est la sœur de Moïse et d'Aaron. Son nom signifie en hébreu « obstination », « révolte ». Elle deviendra grande prêtresse et, comme Aaron, prophétesse des Hébreux.

Caractère

Elle est, avec Marie la mère de Jésus, une des figures féminines les plus envoûtantes et émouvantes de la Bible. On l'imagine belle, vive et pieuse. Son intelligence et sa ruse lui permettent de sauver Moïse enfant des dangers du Nil et de maintenir le contact avec sa vraie mère Yokébèd. Elle incarne le côté féminin, passionné de la foi religieuse. A travers elle, les Hébreux retrouvent la joie et le bonheur d'être libres. Elle célèbre cette liberté et cette joie nouvelles en dansant et en chantant : c'est le très bel épisode de la traversée de la mer Rouge à pied sec. Il se peut même que le fameux « cantique de Moïse » qui succède à l'ultime victoire sur Pharaon soit en fait le « cantique de Miryam ».

Sœur de Moïse, appartenant à la tribu de Lévi, elle est consacrée prophétesse au même titre que son frère Aaron. Cependant, comme lui, elle connaîtra le doute et remettra en question l'autorité de Moïse en critiquant notamment son mariage avec Séphora. On peut mettre cette attitude sur le compte de son impulsivité et de sa fougue (sa forte sensibilité, son caractère plus passionné que mesuré ou réfléchi) ; il est possible qu'elle ait eu une certaine jalousie envers Séphora (elle a pu éprouver pour Moïse, son « petit frère », une affection plus que familiale...).

Les événements importants de sa vie

— Le berceau de Moïse : c'est Miryam, la sœur aînée de Moïse, qui suit le berceau que Yokébèd a déposé sur le Nil afin de prendre garde qu'il ne coule. Mais elle a surtout la présence d'esprit de parler à la fille de Pharaon quand celle-ci le trouve. Elle lui propose de prendre une nourrice israélite pour l'allaiter. C'est donc ainsi, grâce à la malice de Miryam, que la vraie mère de Moïse, Yokébèd, a pu continuer à s'occuper de son nouveau-né, après l'avoir, contrainte et forcée, abandonné.

— La sortie de la mer Rouge « les pieds secs » : pour fêter immédiatement cette victoire miraculeuse contre les Egyptiens noyés dans la mer, elle prend un tambourin et, tout en dansant, elle chante les louanges du Seigneur : « Chantez le Seigneur / pour sa Gloire sans pareille. / Chevaux et cavaliers / à la mer Il les a jetés ! » Cette fête, d'une cruelle ironie par rapport au sort des Egyptiens, célèbre l'ivresse de la liberté retrouvée — ce qui signifie concrètement pour les femmes israélites la possibilité de charmer et de séduire sans crainte d'être punies ou violées par leurs maîtres égyptiens.

— Le doute et la punition divine : au cours d'un des multiples campements que les Hébreux organisent dans le désert, Miryam et son frère Aaron critiquent le mariage de Moïse avec l'étrangère Séphora. Ils vont encore plus loin en contestant ouvertement le rôle que Dieu a confié à Moïse, son Messager. Ils revendiquent une sorte de gestion démocratique ou du moins prophétique (organisée autour du clan des Lévi) de la parole de Dieu. Yahvé met les choses au point : Aaron et Miryam sont des Prophètes, ils ont des visions de Dieu, mais Moïse est le serviteur de Dieu, « un homme de confiance » et Dieu lui parle de vive voix, « face à face ». Miryam est donc punie : elle a la lèpre pendant sept jours, ce qui signifie qu'elle devient impure et qu'elle doit être mise en quarantaine. Moïse, dans son infinie bonté, lui pardonnera ses défauts et sa fougue...

NEFERTARI
LA PRINCESSE ÉGYPTIENNE À LA SEXUALITE PROFANE

Etat civil

Son nom n'apparaît nulle part dans la Bible mais elle est connue dans l'histoire d'Egypte comme la première femme de Ramsès II. C'est donc logiquement qu'on en a fait la contemporaine de Moïse. Mais, si l'histoire d'amour entre la future Reine d'Egypte et le Messager de Yahvé est de l'ordre de la fiction romanesque et cinématographique, il demeure tout à fait plausible qu'un homme beau et intelligent comme Moïse ait eu une ou plusieurs relations amoureuses avec des Egyptiennes durant la première partie de sa vie qu'il passa probablement à la cour de Pharaon.

Caractère

Puisqu'on ne sait rien d'elle par la Bible, il faut se fier à l'histoire et à l'imagination des diverses traditions orales. On peut aussi établir son profil négativement, c'est-à-dire par contraste avec les personnages féminins de la Bible et notamment avec la future femme de Moïse, Séphora. Néfertari est donc à l'opposé de Séphora : c'est une femme sophistiquée, parée d'or et de bijoux, soignée par le savoir-faire ancestral des eunuques égyptiens. Elle incarne donc l'érotisme féminin, une forme de sensualité lascive qui ne repose que sur la beauté du corps, sur l'apparence et la séduction. De plus, sa position sociale lui donne accès au pouvoir absolu, ce qui peut rendre ses désirs tyranniques. C'est pourquoi, dans le film *Les Dix Commandements*, elle ne comprend pas la métamorphose de Moïse quand il revient du désert. Elle continue à croire que le désir de son corps et l'attrait de son rang suffiront à vaincre le Dieu au nom duquel Moïse agit. Alors que Séphora ne devient vraiment l'épouse de Moïse qu'en comprenant la Toute-Puissance divine et en respectant la Parole de Dieu, Néfertari évolue dans un registre radicalement profane : jalousie, convoitise, luxure et finalement haine.

Ne pouvant posséder Moïse, incapable d'envisager l'amour autrement que sensuel (alors que Moïse proclame la transcendance absolue de Yahvé), elle manipule la volonté de Pharaon au gré de ses caprices : voulant retenir Moïse auprès d'elle pour tenter de le séduire à nouveau, elle attire sur l'Egypte les dix plaies et, involontairement, condamne à mort son fils. Puis, pour se venger, elle pousse les troupes de Pharaon dans le piège mortel de la mer Rouge. Ainsi, jusqu'au bout, son orgueil et sa vanité l'ont empêchée de comprendre le sens et la valeur du Message que Moïse a porté à toutes les femmes et à tous les hommes et donc aussi à Néfertari.

PHARAON
LE DIEU-ROI AU CŒUR ENDURCI

Etat civil

La période pendant laquelle s'est déroulé l'Exode du peuple hébreu n'est pas clairement datée par les historiens de la Bible. On ne sait donc pas avec certitude quel est le Pharaon historique qui connut le départ des esclaves hébreux pour la Terre promise et donc qui dut affronter Moïse et son Dieu. Il s'agit de Thoutmès III, de Séti Ier ou de Ramsès II, ce qui nous renvoie à la lignée de la XIXe dynastie. La tradition romanesque a retenu la période de Séti Ier et de Ramsès II (1304 à 1224). L'intensité dramatique en est accrue parce que Moïse devient alors le frère d'un des plus célèbres Pharaons d'Egypte, Ramsès II.

Pharaon est considéré comme le fils des dieux : d'Horus (le dieu-faucon, principe de vie), d'Osiris (principe de mort) et de Rê (le dieu solaire). Le peuple doit donc lui rendre le culte qui est dû aux dieux. Le Roi Pharaon a des pouvoirs magiques qui permettent de protéger son peuple contre les multiples divinités animales en lutte avec les hommes.

Caractère

Le Pharaon contemporain (disons Ramsès II) de Moïse n'a pas connu Joseph, l'ancêtre des Hébreux en Egypte. Or Joseph avait obtenu de grands pouvoirs politiques en Egypte grâce aux mesures qu'il aurait prises, inspiré par Dieu, pour anticiper sept années de sécheresse qui amenèrent la famine dans le royaume et dans les pays voisins. L'ignorance de ces hauts faits qui valurent à Joseph l'amitié de Pharaon et l'estime de tout le peuple égyptien amène Ramsès à se méfier de la multiplication démographique des Hébreux sur son territoire de Goshen, dans le delta du Nil. La population israélite constitue à ses yeux une menace virtuelle qui, en cas de guerre, peut devenir réelle, car il ne s'agirait plus d'une foule d'esclaves mais d'une armée nombreuse. C'est pourquoi il décide de les persécuter et de tuer tous les premiers-nés mâles d'Israël.

La suite de l'histoire, c'est-à-dire la longue confrontation avec Moïse, est davantage une affaire de Dieu (une théomachie, un combat de dieux) qu'une simple rivalité d'hommes ou de chefs. En effet, le Texte biblique montre que c'est Yahvé qui « endurcit le cœur de Pharaon » et lui fait endurer volontairement les dix plaies alors qu'il est prêt à céder dès le septième fléau. Car la volonté de Dieu est non seulement de libérer son peuple mais surtout de prouver aux autres peuples et même aux païens qu'il est le seul Dieu, l'Unique, l'Eternel, bien plus fort que les pouvoirs magiques des innombrables divinités égyptiennes ; transcendant. Le refus de céder à Moïse, malgré tous les fléaux qui dévastent tour à tour son pays, n'est pas une preuve de l'incrédulité de Ramsès mais une mise à l'épreuve de sa prétendue puissance divine. Et l'échec de Ramsès face aux Hébreux n'est pas seulement un échec politique, c'est avant tout la défaite des divinités et des idoles égyptiennes face au Dieu unique, face au monothéisme naissant.

Les événements importants

— L'asservissement des Hébreux : la persécution des Hébreux atteint son sommet lorsque, à l'arrivée de Moïse, Pharaon leur ordonne de faire les briques avec la paille qu'ils auront eux-mêmes ramassée, sans que le rythme de la production soit ralenti.

— Les dix plaies d'Egypte : le dixième fléau emporte l'enfant nouveau-né de Pharaon, l'héritier au trône d'Egypte. Ramsès II est frappé dans sa chair : il est définitivement vaincu et meurtri par la grandeur et la transcendance de Yahvé. Mais les dernières paroles qu'il adresse à Moïse le libèrent à la fois des Hébreux (de la honte de les avoir martyrisés) et aussi de ses faux dieux puisqu'il demande à Moïse de le bénir !

— La poursuite dans le désert : poussé par la haine et la vengeance, Ramsès se jette aux trousses des Hébreux pour les exterminer, mais ses chars de guerre sont anéantis sous les flots de la mer Rouge qui se referment sur eux. Certaines traditions affirment qu'il fait partie des noyés. Cependant, historiquement, rien ne révèle qu'un Pharaon ait péri de cette manière. Il est donc probablement resté en retrait de ses troupes lorsqu'elles se sont lancées dans le sillage des Hébreux. Sain et sauf, il a pu regagner son palais et partager sa rancœur et sa douleur avec sa femme Néfertari.

SÉPHORA
L'ÉTRANGÈRE CONVERTIE PAR L'AMOUR

Etat civil

Séphora est l'une des sept filles du prêtre et berger Jéthro. Moïse devient son « époux de sang » et elle lui donne deux enfants : Guershôm (« Emigré là ») et Eliezer (« Aide de mon Dieu »). Son nom signifie en hébreu « oiselle ».

Caractère

Sa présence dans le récit est assez discrète, mais elle joue un rôle typologique très important car elle représente pour Israël l'étrangère qui se convertit à la « nouvelle » religion par amour de Moïse et de son Dieu. Il y a cet épisode essentiel mais assez énigmatique de la circoncision de Guershôm dans le désert lors du retour de Moïse en Egypte. En effet, Moïse est approché par le Seigneur qui cherche à le faire mourir. Séphora comprend aussitôt ce qui se passe et elle circoncit elle-même son fils Guershôm avec un silex. C'est après ce rite qu'elle nomme Moïse son « époux de sang » car le sang marque son adhésion totale au peuple hébreu et à son Dieu. Si donc Moïse n'a pas lui-même circoncis son fils, huit jours après sa naissance comme le veut le rite, initié par la circoncision d'Abraham dans la Genèse, cela peut signifier qu'il a oublié pendant son séjour à Madiân les coutumes religieuses de son peuple. Cet oubli constitue un affront très grave envers Dieu puisque c'est la circoncision qui symbolise l'Alliance du peuple élu avec son Dieu. Mais il est néanmoins racheté par la clairvoyance de Séphora. Cette histoire montre finalement que la conversion de Séphora est intérieure : ce n'est pas Moïse qui la convainc mais Dieu lui-même qui dit à son cœur ce qu'il faut faire. Et si Moïse semble ici en retrait (en deçà de sa réputation !), c'est pour réserver une place essentielle à la femme dans la vie de la famille et du clan. Séphora, en accomplissant le rite ancestral, exécute le geste qui fonde enfin la communauté familiale : Guershôm cesse d'être cet « émigré là », cet enfant partagé entre un lieu (Madiân) et un Dieu (Yahvé), il pénètre dans l'unité de la famille, dans l'Alliance de sang. André Chouraqui écrit : « Elle s'intègre elle-même à cette unité transcendante en lui faisant rémission de son être, par amour » (*Moïse*, p. 92). Ce rôle bien que bref reste un des plus importants et des plus édifiants du point de vue des valeurs familiales et féminines qu'il incarne.

Les événements importants

— La rencontre avec Moïse autour du puits de Madiân : la scène du puits marque l'entrée de Moïse dans cette terre étrangère après la longue traversée du désert. C'est là qu'il intervient en faveur des sept filles de Jéthro en chassant les bergers qui veulent abreuver leurs troupeaux avant ceux de Séphora et de ses sœurs (ce qui en dit long sur la condition féminine à l'époque !). Moïse joue encore le rôle de justicier n'hésitant pas à user de la violence pour faire valoir le droit et triompher la bonne cause. Sans doute cette action héroïque lui vaut-elle l'admiration et l'amour de Séphora.

— La circoncision de Guershôm dans le désert : mis

à part la signification symbolique de l'événement, cet épisode marque le début de l'éclipse de Séphora dans la Bible. En effet le Texte ne dit pas si elle le suit avec ses enfants en Egypte ou si elle reste avec son père.

— La jalousie de Miryam : pendant l'exode, Moïse est critiqué par sa sœur Miryam pour son mariage avec une étrangère. Peut-être est-ce la cause de son renvoi par Moïse (cf. Exode 18, 2). Sa fin nous reste inconnue.

YOKÉBÈD
LE DÉSESPOIR DE L'ABANDON

Etat civil

Elle vient de la tribu de Lévi, de même que son mari Amram. C'est la mère de Miryam, d'Aaron et de Moïse. Son nom signifie en hébreu « Yahvé est gloire ».

Caractère

Yokébèd n'est connue dans la Bible que comme la mère de Moïse — cela mis à part, on ne sait rien de plus sur elle. L'intensité dramatique de son personnage repose sur l'abandon de son fils : elle installe le nouveau-né dans « une caisse de papyrus enduite de bitume et de poix » (pour l'étanchéité) et le dépose dans les joncs sur les bords du Nil. On imagine aisément le déchirement qu'un tel abandon représente pour une mère, mais c'est le prix à payer pour que Moïse échappe peut-être à la politique barbare de Pharaon. Grâce à Miryam qui surveille la corbeille, grâce à la solitude et à la tristesse d'une princesse stérile et peut-être grâce au Dieu du Nil, l'opération réussit : Moïse est « sauvé des eaux » par la fille même de Pharaon. Et voici comment se noue le destin de Moïse : évadé malgré lui de chez les esclaves hébreux, débarqué au cœur de la civilisation la plus évoluée du monde antique, adopté par la famille royale la plus puissante de l'époque, Moïse est un vrai déraciné, à cheval entre deux cultures, partagé entre une mère israélite pauvre et opprimée et une mère égyptienne riche et adorée comme une divinité.

Cependant Yokébèd parvient à rester près de lui en se faisant engager par la princesse égyptienne comme nourrice. Sans doute n'est-elle pas restée suffisamment avec lui pour qu'il se souvienne d'elle clairement — mais il la retrouvera parmi les esclaves hébreux lorsque, prince égyptien, il contribuera à les asservir et lorsque, revenu parmi son peuple après le meurtre d'un Egyptien, il parviendra à les délivrer de Pharaon. Le retour de Moïse vers son peuple signifie donc aussi les retrouvailles avec sa mère. Le Texte biblique n'en dit rien mais on peut concevoir qu'elles furent émouvantes et apaisantes pour la mère comme pour le fils (la scène imaginée et filmée par Cecil B. DeMille rend bien compte de ces sentiments mêlés). Yokébèd revit dans le bonheur d'avoir à nouveau son fils auprès d'elle et dans la fierté de le savoir investi d'une si noble et si grandiose mission.

II.

Moïse et les monothéismes

Moshé à la lumière du Talmud

par Joseph Sitruk,
Grand Rabbin de France

Nous appelons Tora la partie de la Bible qui correspond au Pentateuque, lequel est composé des cinq premiers livres, désignés également comme les Livres de Moïse. Le Prophète Moïse en est à la fois le centre, le « héros » et l'auteur. L'histoire qui nous est racontée retrace, à partir de l'Exode, l'itinéraire de cet homme qu'une vocation exceptionnelle éleva jusqu'aux sommets de l'humanité. Pourtant, jamais Moïse, fils d'Amram et de Yokébèd, ne cesse d'être un homme et de se comporter comme un homme : si toutes les étapes de sa vie le rapprochent chaque fois un peu plus de D. [1], ce n'est jamais pour disparaître du monde des hommes dans un au-delà mystique ou eschatologique. Moïse habite le temps — son temps —, ne serait-ce que parce qu'il fait l'histoire au présent et en change irrémédiablement le cours. Il y a désormais un « avant » et un « après » Moïse. Jamais aujourd'hui ne sera comme hier : tel est l'enseignement que nous pouvons tirer du récit de sa vie d'homme, et qu'il nous faut, à notre tour, mettre en pratique dans nos vies ; sens du progrès et perfectibilité

1. Le Grand Rabbin écrit D. pour Dieu pour ne pas évoquer le Nom de Dieu en vain, conformément au troisième commandement (*N.d.E.*).

sont les chemins que nous devons emprunter pour accéder, à l'instar de Moïse, au sommet de l'échelle des valeurs, dans la clarté et l'évidence de la Loi. Peu importe la perfection, ce qui compte, c'est la progression.

Moïse le « presque-D. » (Psaume 8)

Moïse est le plus grand de tous nos Prophètes. Lorsque D. s'adresse aux hommes, il le fait la plupart du temps indirectement, par le biais des rêves, des signes. Dans le cas de Moïse, D. lui parle « face à face », « comme un homme parle à son prochain » nous dit la Tora. Cette complicité est absolument unique dans notre histoire : « jamais en Israël ne s'est levé un Prophète comme Moïse », affirment les dernières lignes du Deutéronome. La fidélité de Moïse lui vaut la confiance de D. et lui permet d'être à l'écoute de ses Paroles et de ses directives pour les Hébreux. Ainsi le Prophète emploie ses dernières années, dans le désert de l'Exode, à retranscrire scrupuleusement les mots de l'Eternel pour les transmettre à toutes les générations à venir et à toutes les nations de la terre. Moïse invente finalement la nouvelle équation entre l'homme et D. dont la formule s'exprime à travers le respect mutuel de la créature et du Créateur.

De la loi écrite (Tora) à la loi orale (Talmud)

La Tora de Moïse, écrite de sa main sous la dictée de D., constitue certes les fondations de la religion judaïque, mais c'est le Talmud, ce Palais de papier, ce labyrinthe de mots, qui abrite le fidèle et nourrit sa piété, sa soif de connaissances. A l'origine du Talmud, on retrouve l'enseignement oral de Moïse qui n'a pas été fixé par écrit mais qui fut conservé par les prêtres dès l'époque d'Aaron, le frère de Moïse, et consigné par écrit au IIe siècle ap. J.-C. Ainsi naît, à partir des échos de ses paroles prophétiques, toute une tradition qui se prolonge au cours des siècles grâce à l'érudition et à la sagesse des rabbins. C'est à cette tradition que nous devons les règles non écrites de la *cashrouth* qui établissent avec exactitude les distinctions du pur et de l'impur dans le domaine de la nourriture. Jamais la chaîne des interprétations rabbiniques n'a été rompue — même pendant les époques les plus sombres de l'histoire d'Israël, la lecture et la transmission des Textes sacrés est restée une priorité absolue. Et s'il ne doit rester qu'un seul rabbin sur terre, celui-ci continuera, coûte que coûte, à méditer la grande œuvre du Talmud.

Une image peut nous aider pour comprendre toute l'importance du Talmud : le Talmud est le sang qui coule dans les veines du Texte biblique, de la Tora. Sans cette irrigation spirituelle, la Tora resterait un cadavre, bien conservé mais privé de vie, intelligible du point de vue de son anatomie mais incompréhensible du point de vue de son âme. Le Talmud est l'éternelle renaissance de la Tora, sa miraculeuse jouvence, jamais différée, jamais révolue, toujours recommencée.

Un dernier mot sur l'histoire que nous allons retracer ensemble pour en déchiffrer les symboles et les mystères — tout est vrai ! En effet, les Juifs auraient très bien pu, au cours des siècles, expurger le Texte des passages les plus gênants pour eux... Ainsi, l'épisode du Veau d'or, dans lequel les Hébreux régressent au stade polythéiste, aurait pu faire l'objet d'une censure ou d'une coupure... Il n'en fut rien, et c'est pour nous la preuve de l'honnêteté intellectuelle de ce Texte qui jamais ne sacrifie la vérité au profit d'une version conciliante et arrangée des faits. Une histoire illustre parfaitement ce souci extrême de ne dire que la vérité. Un grand rabbin rentre précipitamment dans la *yéchiva*[1] qu'il dirige. Voyant que son manteau est mouillé, un de ses élèves lui demande s'il pleut dehors. Le rabbin lui répond aussitôt : « Quand j'étais dehors, il pleuvait. » Scrupule absolu à ne pas dire plus que ce que l'on sait avec certitude, à ne pas prononcer une parole qui pourrait par la suite s'avérer inexacte. Quant aux lacunes qui émaillent le récit, elles sont le fait, nous dit le Talmud, non de l'oubli mais de la peine qui succéda à la mort du Prophète et qui dévasta la mémoire de ses proches.

L'Egypte, « Misraïm », le Royaume de l'inhumain

L'Egypte joue un rôle clé dans l'histoire d'Israël. Les Hébreux se sont installés en Egypte pour rejoindre Joseph, un des douze fils de Jacob, qui occupait une place très importante dans la hiérarchie du Royaume et dans le cœur de son Pharaon. Il était ainsi devenu vice-Roi. Mais à l'origine de cette réussite, il y a un drame familial : Joseph avait été vendu par ses propres frères qui ne supportaient plus son apparente arrogance. Car en fait Joseph ne reflétait pas la vanité de l'ambition comme le croyaient ses frères, mais il était le destinataire d'une prophétie exprimée par des rêves : il deviendrait le Roi d'Egypte. La grande famille de Jacob habitait alors en Canaan, ce pays promis à Abraham qu'il faudrait par la suite reconquérir. Cette dispute a une grande importance dans la trame providentielle de la Tora. Joseph entre en Egypte comme un esclave (il a

1. Une *yéchiva* (plur. *yéchivot*) est une école où l'on étudie le Talmud.

été racheté par un riche marchand égyptien qui veut en faire son serviteur), et même s'il devient par la suite un des personnages les plus importants du Royaume, même s'il se réconcilie avec ses frères qu'il sauve de la famine en les accueillant « chez lui » et en les protégeant de son autorité, l'Egypte restera toujours comme une épine dans la chair d'Israël : la preuve indélébile que des frères peuvent se trahir, se vendre, que la fraternité peut disparaître du cœur de l'homme et laisser place au venin de la discorde et de la jalousie. Celui qui vend son frère n'est plus digne de la confiance de D. — ainsi l'exil commence avec l'échec de la fraternité.

A la mort de Joseph, les Hébreux, qui ont proliféré et se sont multipliés, ne sont plus considérés par les Egyptiens comme des hôtes d'honneur. Peu à peu, on s'interroge sur les raisons de leur présence : que font-ils sur notre terre, à manger notre blé ? La mécanique de la haine et de l'exclusion se met lentement en place qui transforme l'étranger en voleur, l'immigré en usurpateur. A cela s'ajoute un changement de dynastie dû, selon les historiens, au déferlement d'une tribu de guerriers barbares venue de l'Est asiatique, les Hyksos. Lorsque l'invasion fut repoussée, il fallut tout reconstruire et réaffirmer la souveraineté divine et royale de Pharaon. On se tourna naturellement vers les Hébreux qui pouvaient fournir une main-d'œuvre abondante et surtout gratuite : l'idée de leur esclavage avait germé, il ne restait plus qu'à l'exécuter. Le Talmud nous décrit avec précision quelles furent les souffrances de nos ancêtres. Travail de jour et de nuit, séparation des hommes et des femmes dans des camps spéciaux, coups de fouet... Les cadavres des enfants morts de fatigue étaient même utilisés comme ciment pour fabriquer des briques plus solides. O Pharaon ! Despote, « dieu » dérisoire et grotesque ! Toi qui fis souffrir ces milliers de femmes et d'hommes dans le seul but d'habiter un improbable mausolée, sache que l'Eternel est partout, et que Moïse, le serviteur de D., n'a pas de tombe. Toi dont la civilisation millénaire a régné sur le monde entier et dont les pyramides symbolisent la victoire de l'homme sur la nature, de l'homme sur le temps, sache que l'homme ne se fait pas dans la matière mais par l'esprit et la méditation. Tu voulus être D. mais tu ne fus, somme toute, qu'un bourreau orgueilleux et vaniteux ! Tu voulus figurer au rang des idoles mais tu devais te plonger dans le Nil pour faire tes besoins afin que tes adorateurs ne découvrent pas la sordide supercherie !

On m'a souvent demandé pourquoi les Hébreux vécurent dans de telles conditions pendant quatre cents ans, pourquoi D. ne s'est pas manifesté plus tôt à Israël, son peuple élu. A chaque fois, j'insiste sur la notion de potentialité. Car ce n'est qu'en puissance qu'il faut concevoir l'élection divine d'Israël. Cela signifie que les Juifs ne disposent d'aucun privilège vis-à-vis de D. et des autres hommes, qu'ils n'ont pas le droit de « réclamer » un régime spécial ou un traitement à part. Au contraire, leurs devoirs sont plus lourds, leurs tâches plus ardues. Et pour accomplir la mission qui leur a été confiée, il faudra qu'ils fassent leurs preuves, qu'ils passent toutes les épreuves rencontrées sur la voie de leur libération. En fait, ils doivent devenir, à force de piété et par une fidélité constante, cette nation de D. Une fois renouvelée sur le mont Sinaï, l'Alliance avec D. constituera la véritable identité du peuple juif et elle se maintiendra intacte, au cours des siècles, dans l'héritage de la Révélation et des rites sacrés.

Mais, malgré la réussite de l'Exode et la reconnaissance de D., un autre souvenir n'est pas pour autant occulté : l'esclavage en Egypte demeure toujours un repère majeur autant qu'une leçon de patience et de sagesse. « Souviens-toi que tu as été esclave en Egypte » : cette phrase revient plus de cinquante fois dans la Tora : c'est la litanie de la mémoire sans laquelle nul progrès n'est envisageable ou possible. Ainsi, le Juif d'aujourd'hui doit toujours se rappeler que ses ancêtres, il y a bien longtemps, étaient étrangers et esclaves sur une terre dont l'« étroitesse » (autre traduction de *Misraïm*, Egypte) étouffait leurs âmes et leurs espoirs. Pourquoi cultiver ce mauvais souvenir, pourquoi ne pas oublier ces lointaines souffrances ? La réponse est simple : afin de comprendre, de l'intérieur, la faim et la douleur des autres. Une anecdote peut éclairer notre propos. La scène se passe dans une communauté juive de Russie, au XIXe siècle. Le rabbin, chef spirituel de la communauté, va frapper à la porte d'un riche Juif qui a toujours refusé de faire l'aumône aux pauvres. Mais, au lieu de rentrer dans la maison comme celui-ci l'y invite, le rabbin reste sur le seuil et commence à lui parler en laissant la porte grande ouverte. Le vent de l'hiver s'engouffre dans la maison et glace l'homme en robe de chambre. Au bout de cinq minutes le rabbin s'exclame : « Tu vois comme tu as froid en si peu de temps... Les pauvres qui sont là dehors, devant ta porte, eux, ont froid tout le temps ! Tu dois les aider ! »

Le songe de Pharaon

Moïse est un Lévi. Son nom signifie en hébreu « celui qui accompagne ». On retrouve d'ailleurs la racine *lévi* dans les mots qui désignent le cortège d'un enterrement ou une cérémonie de mariage. Moïse naît au pire moment des relations entre les Egyptiens et les Hébreux. Non content de les avoir comme esclaves, Pharaon cherche par tous les moyens à ralentir leur croissance démographique. Mais pourquoi détruire cette main-d'œuvre habile qui bâtissait les monuments de sa gloire ? Le Talmud nous rapporte le rêve de Pharaon qui fut à l'origine de ses craintes et de la persécution dont Moïse devait être la victime principale. Dans ce rêve, il est sur son trône, assis, et il lève les yeux. Audessus de lui, deux doigts sortent de la nuit, et ils tiennent une barre plus longue qu'un rayon de soleil. Deux plateaux d'une balance sont suspendus à cette barre, l'un tout en bas, formé d'or et grand comme un continent, l'autre tout en haut fait de paille tressée et petit comme un nid d'oiseau. Puis il voit sur le plateau d'or l'image d'un fleuve et, montant de ce fleuve, des moissons et des moissonneurs, des guerriers et des chars, des villes et des pyramides, et montant de ces pyramides, des rois et des rois. Puis il voit sur le plateau de paille un enfant nouveau-né. Et le plateau d'or, avec toutes les richesses qu'il contient, monte ; et le plateau de paille descend, descend, comme si l'enfant était plus pesant que toute la terre d'Egypte, tous ses moissonneurs, tous ses guerriers et tous ses rois. Au réveil, l'angoisse ne le quitte pas. Il vient d'avoir la vision d'une catastrophe imminente pour lui et les siens. Sa décision est prise : les Hébreux mâles feront les frais de cette prémonition, car cet enfant démuni, pauvre ne peut être que le fils de ces esclaves qui se multiplient, malgré leur condition, dans la région de Goshen.

Mais la décision de Pharaon ne peut empêcher l'histoire de s'accomplir, et Moïse est sauvé. Son destin le conduit même inexorablement vers Pharaon, au cœur de ce Royaume dont il deviendra le contempteur. Mais à aucun instant Moïse ne fut infidèle à Israël : grâce à sa sœur Miryam, il put rester auprès de sa vraie mère Yokébèd qui lui donna le sein. L'allaitement maternel joue un rôle fondamental dans le judaïsme : c'est l'entrée dans le monde sacré du casher. Ainsi parlent nos Anciens : la bouche qui devait un jour converser avec l'Eternel ne pouvait se souiller avec un lait impur, et le sein de Yokébèd a nourri Moïse tout comme la bouche de D. donne vie et providence à Israël.

L'épreuve de Moïse : l'éloquence ou la vie

Reste à savoir pourquoi Moïse est décrit dans la Tora comme « incirconcis de la bouche ». Moïse rejoint Bithia, sa mère adoptive, au terme de sa troisième année. Comme le veut la coutume, elle le présente à Pharaon, son frère, lors du défilé annuel des vassaux. Le « dieu-Roi » est infiniment heureux de voir ce petit qui comptera désormais parmi ses héritiers potentiels. Mais un incident survient : alors que Pharaon se penche pour caresser l'enfant, celui-ci, animé soudain par une force inconnue, prend la lourde couronne sur la tête royale et la met sur la sienne. Cet étrange événement inquiète Pharaon qui voit devant lui un prince fort pressé de régner et de porter sa couronne ! Son cauchemar ne le mettait-il pas en garde contre un enfant qui viendrait bouleverser son Royaume en pesant plus lourd que toutes ses richesses ? S'apercevant du trouble de son frère, Bithia intervient pour disculper son fils Moïse : « Sait-il seulement ce qu'il fait, à son âge ? » murmure-t-elle. Pharaon répondit : « S'il sait ce qu'il fait, qu'il meure ! Qu'il vive, s'il ne sait pas ! » Mais comment faire pour décider s'il sait ou ne sait pas ? Un des conseillers de Pharaon a l'idée d'une épreuve décisive : on lui présente deux plateaux. L'un contient des pièces d'or, et sur l'autre, on amoncelle des braises incandescentes. De deux choses l'une : ou Moïse prend le charbon et alors il aura la vie sauve car il est évident que l'enfant ne sait pas ce qu'il fait ; ou il s'empare des pièces d'or, ce qui signifie qu'il juge en connaissance de cause et qu'il faut craindre sa précocité. Evidemment, Moïse, comme tous les enfants, est attiré par l'or brillant ; mais, au dernier moment, l'ange qui veille sur lui détourne sa main : Moïse saisit un charbon allumé et le porte à sa bouche. Voilà pourquoi, nous dit la tradition talmudique, il eut, durant toute sa vie, la lèvre lourde et la langue malhabile.

Il y a cependant un autre sens à son « bégaiement », une raison plus essentielle. Moïse, qui bégaie et ne trouve pas ses mots, ne doit pas sa « qualité » de Prophète à son éloquence. S'il convainc son peuple, ce n'est pas en tant qu'orateur, qui, par des tours de langage et des artifices rhétoriques, emporte l'adhésion de ses auditeurs, comme malgré eux. Un maître éloquent, un orateur, a la possibilité de persuader davantage par la forme que par le fond. Or Moïse prouve que l'homme peut être touché et « motivé » (au sens de mis en mouvement) par le vrai, que la vérité possède une puissance autonome par rapport à la beauté... Ce qui est beau peut parfois se révéler faux : il faut se méfier des atours de la séduction, car le jeu des belles apparences rend souvent aveugle à la profondeur de l'idée, au sérieux de la conviction. Un Prophète qui bégaie n'est donc pas un paradoxe inutile ou gratuit — méfions-nous plutôt des soi-disant « Prophètes » qui ne parlent que trop bien !

Une colère sacrée

Nous arrivons maintenant au « meurtre » du soldat égyptien. La juste compréhension de cet épisode est capitale dans la mesure où Moïse en sort en meurtrier violent ou en justicier inflexible. On voit bien que ce meurtre n'est pas une affaire de bon ou de mauvais caractère, d'instinct ou de colère, bref de passion humaine. Le geste de Moïse procède d'une véritable décision éthique qui n'a rien d'impulsif ou d'excessif. La situation se résume ainsi : une personne, quelle qu'elle soit, est en train de tuer, à coups de fouet, de poing ou de pied, un enfant, un être absolument démuni face à cette avalanche de violence, un être qui ne peut même pas se défendre et qui déjà se résigne à mourir. Que faites-vous ? La lâcheté consiste à ne rien faire en disant : « Je n'avais pas le choix. » Moïse, malgré son rang de Prince, ne peut s'empêcher d'agir pour défendre le faible : il tue, délibérément. Mais a-t-il tué un homme ? Celui qui maltraite, qui martyrise son prochain, celui-ci peut-il encore être appelé un homme ? Ne s'est-il pas volontairement retranché de l'humanité en opprimant le faible, en désignant l'autre comme un « sous-homme » ? Non, Moïse n'est pas un assassin, un criminel homicide. Moïse est un homme qui a décidé de vivre au niveau le plus élevé de l'humanité. C'est pourquoi il refuse de tolérer l'intolérable. Il s'est donc considéré en situation de légitime défense, non pas de sa propre vie, mais de l'humanité tout entière.

Le meurtre demeure cependant, dans tous les cas, une situation extrême qui met en péril le sens de l'humain. On peut certes approuver, par le cœur et l'esprit, le geste de Moïse en le jugeant comme une décision de justice. Mais personne ne peut souhaiter que le procédé se généralise. Les Hébreux qui ont vu Moïse tuer le soldat sont effrayés lorsque celui-ci réapparaît, le lendemain, pour mettre un terme à leur dispute. Ils ne comprennent pas que Moïse a agi en justicier et que son geste annonce une grande révolution pour Israël : la fin de la servitude et la libération. Ils croient au contraire que Moïse, cet homme qu'ils assimilent encore aux tyrans égyptiens, va les frapper ou tenter de les tuer. Ils n'ont pas encore perçu dans ce meurtre la force qui n'est ni violence ni pouvoir mais justice et bonté. Voilà pourquoi ils dénoncent Moïse aux autorités égyptiennes.

Cet acte de délation (*lachone-hara*) prend aujourd'hui une terrible signification. Combien de Juifs, en effet, furent dénoncés au cours de ce siècle ? Combien furent déportés à cause d'un simple mot, d'une lettre ? Mais comment définir la délation ? C'est tout simplement l'ignorance de l'autre qui devient insensiblement crainte, soupçon puis haine. L'indifférence est le principe caché et secret de la délation. Le règne du « on » (« on m'a dit que ce Dupont s'appelle Cohen », « d'après ce qu'on dit, vous êtes juif, montrez-moi vos papiers »...) advient lorsque la sincérité du « tu » s'est dissoute dans l'anonymat total et massif de la foule. Le visage de l'autre ne parvient plus à percer la grisaille du « on pense » et des « on dit ». L'homme disparaît de l'univers humain pour devenir une étiquette, une qualité ou un défaut qu'on montre du doigt.

La « paracha » de Jéthro : le Buisson d'épines et de clarté

Vendu comme Joseph par ses frères de sang, Moïse doit quitter le pays pour échapper à la justice de Pharaon. Cet exil est-il pour autant une lâche trahison ? Certains peuvent croire que Moïse s'efforce de fuir ses responsabilités, de fuir cette origine découverte de façon si dramatique, et qu'il ne veut plus partager avec les esclaves de Goshen. Mais il serait faux de lui prêter de telles intentions, car Moïse est guidé par la main invisible de D. De même ceux qui verraient dans le mariage de Moïse avec Séphora, la fille aînée de Jéthro, la désertion du peuple d'Israël, feraient fausse route. Au contraire, Jéthro et sa tribu portent un message très important : étrangers, idolâtres, ils vont rejoindre les Hébreux et se convertir à leur religion. Jéthro symbolise l'ouverture du peuple d'Israël qui, contrairement aux idées reçues, n'est pas refermé sur lui-même, retranché du reste du monde et des hommes. La preuve en est que la *paracha*[1] qui correspond à l'épisode du Buisson ardent et au don du Décalogue, avènement et Révélation du monothéisme, a pour nom *Ytro* (Jéthro), le beau-père païen de Moïse ! Voilà la confirmation que le judaïsme est bien une religion universelle dont le témoignage s'adresse à tous les hommes.

La Révélation du Buisson ardent contient une symbolique puissante et profonde. D'abord la scène sur laquelle D. apparaît n'a rien de sublime. Au contraire, le buisson est l'arbre le plus insignifiant du désert, la seule végétation assez humble pour pousser et survivre dans ces conditions extrêmes. Ainsi, D. n'habite pas forcément les Palais et les édifices qu'on élève à sa gloire, D. n'a pas besoin de splendeur et de luxe pour se manifester aux hommes. C'est notre imagination qui nous fait croire que le divin est identique au grandiose. D. choisit donc seul les conditions de sa médiation et de ses manifestations, et Il se révèle là et au moment où on l'attend le moins.

Une autre interprétation peut nous faire accéder à un niveau symbolique supérieur : le Buisson comme symbole de l'exil. Lorsqu'on plonge la main dans un buisson d'épines, on ne se pique que superficiellement. C'est quand on veut retirer sa main que les épines blessent et l'empêchent de sortir. De même Israël part en ses exils

1. La *paracha* est le découpage de la Tora en 54 ensembles délimités. Chacun de ces ensembles reçoit un nom qui l'identifie définitivement.

successifs sans trop de réticences. Partout on accueille les Hébreux avec hospitalité et douceur, comme les Egyptiens au temps de Joseph. En revanche, quand ils souhaitent quitter les lieux de leur diaspora, les frontières se referment autour d'eux et les emprisonnent corps et âmes.

Est-ce à dire que le Buisson est le mirage de la liberté, le piège du désir de D. ? Non, car il brûle mais ne se consume pas. Le Buisson est transfiguré par le feu divin qui ne dévore pas parce qu'il éclaire, qui ne détruit pas parce qu'il fait exister. A l'inverse des amours humaines qui sont bien souvent des passions dévorantes, l'homme, dans sa relation à D., atteint sa plus haute valeur et son accomplissement total. Comme le Buisson de l'Exode, auquel il finit par s'identifier, l'homme de D. vit par sa foi qui l'illumine sans intermittence, en faisant feu de tout bois. En définitive l'homme n'est pas annihilé devant D., il existe grâce à lui, et la chaleur qui se communique de foyer en foyer a son unique origine dans le brasier divin.

Dis-moi quel est ton nom, je te dirai qui tu es

Nous pouvons maintenant aborder la question du Nom de D. qui constitue l'essentiel de la Révélation, après la reconnaissance par Moïse de sa vocation et de sa mission. D. communique à Moïse son Nom pour qu'à son tour il en informe les Hébreux quand il reviendra en Egypte et parlera en son Nom.

Mais avant de parler précisément du Nom de D., il convient d'abord d'expliquer la valeur du nom dans la tradition talmudique. Le nom constitue le vecteur qui va définir l'essence d'une chose et qui participe à la constitution de la personnalité. On se tromperait gravement en limitant le nom à son utilité, en le réduisant par exemple à l'appellation ou à la désignation sociale. J'ai certes besoin de connaître le nom de telle ou telle personne pour ne pas la confondre avec une autre, pour l'appeler ou l'interpeller si je la croise dans la rue ou si je l'aperçois à la sortie de la synagogue. Mais ces nécessités sociales n'expriment pas l'importance fondamentale que nous accordons au nom parce qu'elles ignorent que c'est l'homme qui se fait lui-même son nom. En effet, en hébreu le même mot, *chem*, désigne à la fois le nom et le renom. Alors on reçoit des autres, parents ou amis, son nom, son prénom, son surnom, mais il ne faut jamais oublier qu'on fabrique soi-même son renom ou sa réputation. On peut comprendre à présent qu'en donnant son Nom à Moïse, D. éprouve le désir de communiquer son essence à l'homme. Mais que nous dit son Nom, que nous apprend-il sur l'essence de D. ? Que D., YHWH, est le verbe être. La traduction de YHWH nous donne la conjugaison du verbe être à tous les temps : j'étais, je suis, je serai. C'est pourquoi la tradition a retenu, comme nom de D., l'Eternel, qui témoigne avec justesse de sa nature extratemporelle. Mais il s'ensuit que ce Nom exprime quelque chose qui est absolument inaccessible à l'homme : de même, nous n'avons qu'une expérience lacunaire et incomplète du temps, toujours dans le « passé-souvenir » ou dans le « futur-projeté », jamais dans le présent vécu (d'ailleurs le présent du verbe être n'existe pas, en hébreu, langue des vérités absolues, car le présent n'existe que pour D.). Nous ne pouvons donc comprendre D., car Il dépasse toutes nos représentations et toutes nos intuitions, lesquelles évoluent nécessairement dans l'espace et dans le temps. Immatériel, infini, éternel, c'est Lui qui nous comprend, au sens où Il englobe, dans la totalité de ses attributs, l'ensemble de la Création et de ses créatures.

La leçon que nous devons tous tirer de cette Révélation est pourtant moins philosophique que religieuse. L'homme sans D. peut certes élaborer une philosophie qui va le pousser à jouir de la vie ou, comme on dit, à profiter du temps présent en oubliant qu'il va mourir. Mais sans le repère du Nom divin qui dit « Je serai qui Je serai », le temps perd son rythme et l'homme devient incapable de se diriger vers un but quelconque, littéralement de donner un sens à sa vie. La Révélation du Buisson nous donne certitude et espoir : certitude que D. existe, espoir que son amour pour Israël continue de féconder notre volonté et de guider nos pas selon sa seule Providence.

« Il est interdit d'être vieux »
(Rabbi Israël Baal Chem Tov)

La vie de Moïse est à elle seule un enseignement sur cette occupation du temps, dans le rythme du vouloir divin. En effet, pourquoi est-elle scandée si nettement par des périodes de quarante années : à 40 ans il quitte l'Egypte, à 80 ans il a la Révélation de sa mission, il passe 40 jours sur le mont Sinaï lorsqu'il y reçoit la Tora, et, enfin, il meurt à 120 ans ? Le nombre 40, comme tous les détails numériques de la Tora, a une signification précise : c'est le symbole de la transition et de la transmission. C'est donc la phase par laquelle une chose passe pour changer de statut. Par exemple, la tradition rabbinique considère que le fœtus humain reçoit l'âme au bout de quarante jours. Dans l'alphabet hébraïque, chaque lettre représente un nombre. Par exemple *aleph*, la première lettre de l'alphabet, vaut 1, *bèt* 2, mais *kaf* 20 et *tav*, la dernière des 22 lettres, vaut 400. Le chiffre 40 nous renvoie à la lettre *mèm* qui occupe une place centrale à la fois dans l'alphabet et dans le mot clé de la Bible, *émèt,* qui veut dire la vérité. Ce mot est composé des lettres (de droite à gauche) *aleph*, *mèm* et *tav*. *Mèm* est donc entre le début (*aleph*) et la fin du mot (*tav*). Or *aleph* et *mèm* forment le mot *hèm* qui signifie la mère, et *mèm* et *tav* forment *mèt* qui signifie la mort. Ces deux mots sont les seules choses que nous partageons tous, et notre vie tout entière se déroule entre ces deux pôles de la mère qui nous enfante et de la mort qui achève notre existence. Et au milieu coule le *mèm*/40 qui nous donne la chance de réaliser nos projets. Ainsi la loi divine devient humaine au bout des quarante jours que Moïse passe sur le Sinaï. Ainsi la horde des esclaves hébreux devient la Nation d'Israël, peuple élu de D. habitant la Terre promise, au bout de quarante ans passés dans le désert. Chaque réalisation, chacune des joies de l'homme doit intervenir au bon moment sur le parcours de sa vie ; à 80 ans Moïse n'est pas un vieillard à la retraite, mais un homme qui a vécu deux transitions essentielles : de Prince égyptien, il est devenu l'exilé, de berger du désert, il s'est révélé le Prophète inspiré. Il connaît enfin la juste valeur de ses ambitions et de ses forces. Un homme qui rentre en Egypte plus décidé que jamais à faire triompher le vrai Nom de D. !

Pharaon en lutte avec son cœur

L'histoire des dix plaies d'Egypte doit être comprise du point de vue des causes et pas seulement des effets. La question se pose alors de cette manière : pourquoi Pharaon, écrasé par des fléaux dont l'origine surnaturelle semble évidente, continue de tenir tête à Moïse en lui refusant le droit de partir avec son peuple ? Dans les termes de la Tora, pourquoi D. « endurcit »-il le cœur de Pharaon ? En fait la vérité symbolique de cette affaire montre que c'est l'homme lui-même qui crée les conditions de sa non-liberté. En effet, Pharaon s'enferme peu à peu dans son propre refus parce que, à aucun moment, il n'écoute avec attention ce que Moïse et Aaron sont venus lui demander. Au fondement de cette attitude, on découvre un des défauts majeurs de l'homme, à savoir l'absence d'adéquation entre le savoir et l'être. Qu'est-ce que cela signifie ? Ma connaissance des choses ne me sert pas à vivre, et surtout à vivre mieux. Par exemple, je sais que fumer est mauvais pour la santé, et pourtant je n'arrête pas. Je sais que boire avant de conduire peut être dangereux, et pourtant je prends un autre verre... Or Pharaon est le prototype de l'homme qui refuse de prendre en compte dans ses actes ce qu'il a compris par la pensée : D. fait irruption dans sa vie et il refuse de le reconnaître ! Jusque-là c'est son droit, tout comme j'ai le droit de fumer. Mais il outrepasse son droit individuel en retenant les Hébreux dans son pays, en défiant le D. de Moïse parce qu'il se croit supérieur à l'ordre des choses, à l'ordre de D., parce que, victime de son délire polythéiste, il se prend lui-même pour D. : crime de lèse-divinité. Les racines du conflit plongent toujours dans ce terreau d'orgueil et de vanité qui nourrit les mauvais penchants humains et éloigne l'homme de D., de sa Volonté. « Et D. endurcit le cœur de Pharaon », parce que cet homme a déjà « décidé » de se priver de sa liberté ! Un homme obtus qui n'entend pas, qui n'écoute pas l'autre, n'est pas un homme libre — tel est l'enseignement de cet épisode, tel est le sens symbolique de ce cœur endurci. Ainsi chaque homme se doit de répondre dans les moments de crise à la question : fraternité ou fratricide ? Or Pharaon n'arrive pas à trancher entre les deux termes de l'alternative, il est prisonnier de l'image de grandeur qu'il veut donner de lui.

Cette réflexion nous fait découvrir une autre vérité qui touche, celle-là, à l'essence même de la Tora. Quelle sorte d'histoire nous raconte la Bible ? Est-ce la belle aventure d'un peuple qui échappe à l'esclavage, qui s'émancipe de toutes les formes de contraintes pour accéder à l'autonomie, à l'indépendance politiques ? Non, c'est le sacerdoce d'un peuple qui renonce à une servitude humaine, pour choisir de servir D. et Lui seul. Ainsi peut-on lire le destin du peuple hébreu d'Abraham jusqu'à Moïse, de la Genèse au Deutéronome : d'abord un homme, puis une famille (Isaac), puis une tribu (Jacob/Israël) et enfin une Nation (Moïse) passant contrat avec D. sur le mont Sinaï. Le Juif a conquis sa judéité à partir de rien, car D., au sixième jour, n'a pas créé le Juif, il a créé l'homme. Mais en créant un seul homme (Adam, qui signifie en hébreu l'homme mâle), son intention était de faire naître tous les hommes du même Père — quelle que devienne par la suite sa religion.

La route du désert conduit vers la parole

Le fil de cette généalogie montre bien que les quatre cents années passées en Egypte sous le fouet constituent une partie seulement des épreuves à franchir pour gagner la confiance de D. Quarante années supplémentaires seront nécessaires pour devenir définitivement la nation élue de D. Quarante années passées dans le désert de la péninsule du Sinaï, sur ses chemins périlleux, saturés d'obstacles en tous genres (tribus guerrières, manque d'eau et de nourriture). Cela prouve, si besoin est, que le destin du peuple hébreu, son choix et son élection par D., n'a rien d'arbitraire : les Hébreux ont bien mérité le don de la Loi, de même qu'ils sont restés dignes de la promesse divine d'une Terre.

Mais que cherchent-ils, pendant si longtemps, dans le désert ? Le désert se dit en hébreu *midbar* et signifie également le lieu de la parole (*davar*). Le désert apporte l'attente en même temps que l'appel, l'écoute en même temps que la Voix, la purification en même temps que la Loi. La ligne droite n'est considérée comme le chemin le plus court entre deux points que par les géomètres ; pour les Hébreux l'errance dans le désert constitue le progrès le plus remarquable depuis leur sortie d'Egypte, parce qu'ils se dépouillent peu à peu des tentations païennes, des coutumes et des rites égyptiens. Ils rentrent dans le silence pour que la parole divine puisse s'inscrire en eux.

Certes des tensions vont surgir entre Moïse et son peuple. Mais, elles sont, nous dit le Talmud, le fait des quelques Egyptiens qui, impressionnés par la puissance du D. d'Israël lors des dix plaies, ont décidé de suivre les Hébreux et leur chef. Se rendant compte de la difficulté des épreuves et de la durée interminable du « voyage » vers Canaan, ils font pression pour retourner en Egypte et tentent de soulever les Hébreux contre Moïse, ce chef autoritaire qui fait souffrir inutilement son peuple dans la fournaise du désert. Ils ont même l'idée du Veau d'or qui va leur coûter la vie.

« La tentation de la tentation »

Cette formule de Lévinas que nous mettons ici en exergue résume parfaitement la symbolique universelle du Veau d'or. Au-delà des explications historiques que nous venons d'apporter, l'enseignement de cet épisode dramatique met au jour la nature humaine à travers l'insatisfaction de ses désirs et même son désir de l'insatisfaction. Par exemple, j'ai épousé une femme, je l'aime... mais peut-être bien que je peux en trouver une autre que j'aimerai davantage... J'ai acheté une voiture et j'en suis content... mais peut-être existe-t-il une voiture meilleure, plus belle, plus agréable à conduire... Le peuple juif est semblable à cet homme qui doute, par pure hypothèse, de son amour pour sa femme tout en conduisant sa voiture neuve dont il n'est plus, à la réflexion, aussi satisfait qu'hier ! Le peuple juif est le peuple des « essais », il ne veut jamais rester à sa place, il veut tout tenter : révolutions, expériences scientifiques soi-disant absurdes, initiatives commerciales... L'aphorisme d'Oscar Wilde pourrait très bien lui convenir : le peuple juif résiste à tout sauf à la tentation ! Il en va de même avec le Veau d'or : « Et si cette idole que nous avons adorée en Egypte pouvait surpasser les pouvoirs du D. de Moïse ? Et si ce Veau pouvait marcher et nous guider hors de ce désert où Moïse nous a abandonnés ? »

Le Prophète sans sépulture

La mort de Moïse intervient sur le mont Nébo, face à Canaan. Une question essentielle se pose : pourquoi Moïse n'a-t-il pas franchi le Jourdain et pénétré avec Josué et les siens en Terre promise ? La réponse littérale, celle que nous donne la Tora, nous ramène à l'épisode des « eaux de Mériba ». De quoi s'agit-il exactement ? Assoiffés par leur longue marche, les Hébreux se plaignent une fois de plus à Moïse. Celui-ci, excédé, frappe de son bâton un rocher pour en faire jaillir l'eau désaltérante, mais, ce faisant, il enfreint la loi de l'Eternel car il accomplit par le geste ce que la parole seule pouvait provoquer. Moïse et son frère se disqualifient ainsi au regard de D. et ils seront punis en conséquence. Pourquoi une sanction si sévère ? Pourquoi D. leur refuse-t-il l'accès à la jouissance de la Terre promise, eux qui méritaient plus que tous les autres d'être récompensés pour leur fidélité et leur piété ? Parce que celui qui va conquérir la Terre ne peut pas être le même qui a reçu la Tora. Le relais doit se faire entre la récitation de la promesse et la réalisation de la promesse : Josué doit devenir le bâton d'Israël et accomplir la parole de Moïse. Le Prophète a un rôle bien particulier dans l'économie providentielle de la Tora : son humilité lui interdit d'agir sur les choses terrestres, de réunir en sa personne tous les pouvoirs aussi bien législatifs qu'exécutifs. L'évidence de D. appartient seule à Moïse, et, une fois franchi le Jourdain, ce fleuve qui sépare le monde nomade de l'exode du monde sédentaire de l'occupation de Canaan, D. se retire, à tout jamais, du monde des hommes. C'est pourquoi Il garde Moïse, son plus fidèle serviteur, auprès de Lui, sur les sommets du désert, au creux de sa Parole.

Moshé Rabbénou n'a pas de tombe, car il transcende la matière, il devient spiritualité totale, pure évanescence. La véritable sépulture de Moïse est faite de la confiance divine et des mots vrais de la Tora. Moshé *nééman* : un homme en qui on a confiance, un homme sincère.

Après la mort de Moïse et après la fondation par le Roi Salomon de la capitale israélite à Jérusalem, celui qui cherche l'Eternel accédera au Temple qui abrite le Saint des Saints, le lieu où les descendants d'Aaron, les lévites, ont consigné l'Arche d'Alliance qui contient les parchemins de la Tora et les Tables du Décalogue. D. s'est retiré du monde comme lorsqu'il fit *tsimtsoum* (littéralement : retrait) au bout du sixième jour de la Création, cessant de créer, laissant à l'homme la possibilité d'occuper à son tour l'espace de la création.

Les Dix Paroles : quand le temps s'est arrêté

C'est à dessein que j'ai souhaité conclure cette petite introduction sur l'histoire de Moïse par le don de la Tora en haut du mont Sinaï. Le Talmud nous raconte qu'au moment où D. donne à Moïse les Dix Commandements, la vie s'est figée sur terre. Tous les Rois du monde ont entendu les premières paroles de D. : « Je suis l'Eternel ton D. » ; tous les animaux ont cessé de bouger ; le vent a cessé de souffler ; les vagues ont arrêté leur course. Tout s'est immobilisé ; et pendant cette seconde le cœur des hommes s'est arrêté de battre, entraînant la « mort » de toutes les populations terrestres. Les Hébreux qui campaient en bas de la montagne ont même été projetés par le souffle de D. quatre kilomètres en arrière. Revenant au pied de la montagne, ils crièrent à Moïse de ne pas laisser D. leur parler directement, car ils ne pourraient survivre à tout un discours ! Ainsi le peuple ne put entendre que deux mots de la bouche même de D. : « Anochi Hachem », « Je suis l'Eternel », et tout le reste leur fut rapporté par l'intermédiaire de Moïse.

Pourtant un adage talmudique déclare : « Nous sommes tous réunis au mont Sinaï. » Cela signifie que nous sommes tous invités à nous préparer au don de la Parole divine. Don des Dix Paroles et non pas, comme on dit le plus souvent, des Dix Commandements. Car l'hébreu de la Tora dit : « *assérèt hadiberot* ». Cette différence est essentielle : on peut très bien ne pas obéir à un ordre, à un commandement, alors qu'on est contraint d'entendre les sons de la voix, les mots du discours. Ainsi parle le Prophète Isaïe :

> « Tous les êtres de chair sont de l'herbe
> et toute leur consistance est comme la fleur des champs :
> l'herbe sèche, la fleur se fane
> quand le souffle de l'Eternel vient sur elles en rafale.
> Oui, la multitude humaine, c'est de l'herbe :
> l'herbe sèche, la fleur se fane,
> mais la parole de notre D. subsistera toujours ! »
>
> (Isaïe, 40)

C'est pourquoi l'enseignement du Décalogue porte sur la nature de notre écoute : la capacité d'écouter, de créer la qualité d'écoute. Pourtant la vie est parsemée de faux dialogues, questions sans réponses, répliques automatiques, « ça va ? », « ça va... », et l'on continue son chemin... Nos paroles nous éloignent les uns des autres, nous divisent parfois, nous blessent souvent. La Parole de D. vient combler ce vide, cet espace qui se creuse entre les hommes. Paroles unificatrices, parole unique dans laquelle se concentre, nous dit le Talmud, l'ensemble des Dix Paroles — « D. seul est capable de parler sans que son discours soit une succession de mots », affirme Rachi. Etre capable de tout dire en un mot, tel est le pouvoir sublime du Créateur. Laissons donc la Parole divine nous rapprocher, laissons-la annuler nos différences et nos indifférences dans l'unité de la morale, unité des lois sociales, unité du droit, unité de la religion — unité du mot. Et nos Sages de poursuivre : un seul mot de la Tora bien compris suffit pour comprendre tout le reste, car toute la Tora se résume au premier livre, le premier livre est contenu dans le premier chapitre, le premier chapitre dans le premier verset, et le premier verset dans le premier mot.

On voit bien maintenant que le Décalogue cache la promesse d'un merveilleux dialogue : dialogue intérieur entre l'homme et D. dans le recueillement de la prière, dialogue renoué entre les individus dans l'espoir d'une meilleure écoute, et enfin dialogue partagé entre les croyants de toutes les religions dans le besoin d'une nouvelle fraternité. Aujourd'hui plus que jamais, à l'heure d'une inflation d'informations, nous devons rechercher la vérité absolue et éternelle de la parole, avoir confiance en ce message révélé qui nous donne le mode d'emploi de notre liberté. Alors oui, il s'agit d'ordres et d'interdictions. Oui, il s'agit de restreindre nos possibilités d'action, nos caprices, nos folies. Oui, le Décalogue nous apprend à devenir vraiment humains !

La mitsva de l'impossible :
« Lo ta'hmod », Tu ne convoiteras pas

L'effort qu'exige de nous cette dixième et dernière Parole semble bel et bien irréalisable : comment réussir à faire l'impasse mentale de tout ce que je ne dois pas faire ? Mais l'enjeu vaut la peine de mobiliser toutes nos volontés, toutes nos ressources psychologiques, car l'origine de la faute est presque toujours mentale, elle est impuissance devant la séduction. A force de dire que je ne veux pas, je finirais par constater que je ne peux pas. Or la Tora nous dit que c'est possible, et nous devons la croire, car tous les enseignements de tous les sages d'Israël partent du principe suivant : « Si la Tora le dit, c'est que c'est possible ». Il est donc possible de transformer le vouloir en pouvoir, c'est-à-dire souhaiter ce que D. veut, et finalement ne pas pouvoir faire ce que D. ne veut pas. « Fais de ta volonté Sa volonté afin qu'Il fasse de Sa volonté la tienne », dit la Michna *Pirkei Avoth*. Fauter à l'égard de l'être humain relève de la loi humaine, de la justice sociale ; mais, pour nous Juifs, cela relève avant tout de la justice divine. Respecter la vie de l'autre (sixième), la femme de l'autre (l'adultère), les objets de l'autre (ne pas voler), la parole de l'autre (le mensonge) revient à chaque fois à respecter l'Eternel, à craindre D., et même à vouloir la crainte de *Hachem*. Nos Maîtres disent : celui qui a peur de D. est comparable à celui qui prend une bougie et la rapproche d'un brasier brûlant. Que devient la bougie ? Elle fond — et nos envies font de même : elles disparaissent !

Le désir empoisonne les rapports humains, il déstabilise la confiance que j'ai en moi et en les autres. C'est ici que se trouve le summum de la législation hébraïque : tu apprendras à ne pas avoir envie. On retrouve la formulation du dixième commandement dans la version légèrement différente du Deutéronome : « *Lo tit-avé* », tu ne désireras pas... Réussir à mettre un terme à la convoitise, c'est une volonté que nous seuls pouvons mettre en pratique. Pour cela, envions les qualités des autres, car désirer la qualité d'un autre, c'est ne rien lui enlever : quand on imite la qualité de l'autre, on ne la lui prend pas, on ne lui vole rien ! Cette dernière parole nous donne la chance de passer de la *mitsva* à la couronne, à la royauté. Le couronnement de l'homme intervient quand il est capable d'observer la Tora divine en respectant son prochain. De la qualité de son rapport à la Tora dépend la qualité de son rapport à autrui, la qualité de sa relation à l'autre. Prier D. pour aimer l'homme, arriver à l'homme par l'intermédiaire de D. — tel est l'enseignement qui fonde notre religion, telle est la Parole que adressons à toute l'humanité.

Moïse, figure du christianisme

par Mgr Jean-Charles Thomas,
Evêque de Versailles

Moïse et Jésus sont des êtres-signes qui s'adressent aux hommes pour leur enseigner comment ils peuvent et doivent vivre s'ils veulent devenir des personnes libres, parvenues à la plénitude et au bonheur dans leurs existences singulières.

Par ses actes, Jésus accomplit chacune des dix paroles de Moïse en montrant que l'essentiel est d'aimer Dieu « de tout son cœur, de toutes ses forces, de toute son âme » — de tout son pouvoir de vivre. Il nous prie d'investir notre personnalité et nos capacités dans l'amour pour Dieu, et, à équivalence, dans l'amour envers notre prochain, celui qui est à côté de nous. Moïse et Jésus l'ont dit — mais Jésus a vécu cet engagement jusqu'à en faire sa propre histoire ; il a aimé Dieu en demeurant toujours lié à Lui, et il a aimé ses frères et sœurs humains jusqu'à mettre sa vie en balance plutôt que renoncer à les aider, plutôt que les laisser dans l'ignorance. Il a préféré être accusé, crucifié, plutôt que refuser cette mission de développement de l'humanité. A travers un tel investissement jusqu'à la mort, le destin du Christ — et celui du monde — prend une tournure radicalement nouvelle, même si Jésus semble échouer là où Moïse avait réussi. Car à l'heure de sa mise au tombeau, Jésus, à la différence de Moïse, ne laisse pas un peuple organisé capable de lui survivre durablement. Moïse a toujours veillé sur son peuple, l'exhortant à suivre les commandements venus de Dieu, lui reprochant sans cesse ses infidélités pour mieux le conduire sur la voie de la Sagesse et du Bien. Moïse a laissé toute une législation dont les Dix Paroles sont le substrat éternel, et dont le Deutéronome constitue le commentaire central et exhaustif. Il a donné à l'amour un visage rassurant et bien dessiné — presque parfait. Tandis que Jésus, notre Sauveur, a *parlé*, mais n'a rien *écrit* ; à sa mort, il ne laisse pas de traces matérielles de son action terrestre, seulement quelques disciples qui, tous, l'ont abandonné. Quand il quitte cette terre, Jésus a fait « moins bien », apparemment, que Moïse qui, au jour de sa mort sur le mont Nébo, pouvait se satisfaire du spectacle de son peuple prêt à franchir le Jourdain pour pénétrer en Terre promise.

Moïse est un prophète, Jésus est le fils de Dieu

La grande nouveauté pour nous, Chrétiens, repose sur le témoignage de ses disciples qui l'ont vu vivant après sa mort. Ils étaient sûrs de sa mort car ils l'avaient vu mort. Or, ils ont écrit dans les Evangiles : nous l'avons vu vivant ! Et voilà ce qu'il nous a dit : « Allez par le monde entier, proclamez l'Evangile à toutes les créatures » (Marc, 16, 15). Cet événement absolument unique montre que Jésus est bien plus qu'un très grand prophète : il est le Fils de Dieu et il « siège à la droite du Père ». Partant, la différence fondamentale avec Moïse réside dans le fait que Jésus, encore vivant selon la foi de ses fidèles, continue aujourd'hui d'agir dans la tête, dans le cœur, dans la volonté d'une multitude de personnes que nous appelons ses disciples, les membres de son Eglise, les Chrétiens présents dans toutes les Nations. Jésus a donc rendu possible l'extension de l'Alliance à l'ensemble des Nations — ce qui était déjà annoncé par Moïse et certains Prophètes. Cependant Moïse s'est occupé essentiellement de son peuple ; il a été en quelque sorte le germe de ce que le Christ fera fleurir et s'épanouir. Jésus, dans cette perspective, met à la disposition de tous les peuples du monde les Grandes Paroles pour leur permettre d'entrer dans une vie et une civilisation meilleures, une vie et une civilisation du bonheur proposé à tous, sans distinction d'origine ou de culture.

Moïse reste néanmoins une figure tout à fait essentielle du christianisme. Les Apôtres qui ont rédigé les Evangiles, Matthieu, Marc, Luc et Jean, ainsi que Paul dans ses Epîtres, parlent très souvent de Moïse parce qu'ils le considèrent comme l'origine des Saintes Ecritures. C'est lui qui a inspiré la Tora, les cinq premiers livres de la Bible que nous appelons le Pentateuque. Nous pensons que Moïse ne les a pas écrits lui-même mais il demeure au cœur de la *genèse* d'une phase nouvelle pour l'humanité, d'un monde qui commence avec un tout petit peuple : le peuple d'Israël. Sur l'ordre de Dieu et se laissant conduire par Lui, Moïse devient le libérateur puis le législateur de ce peuple qui descend d'Abraham, par Isaac et Jacob. Au nom du Seigneur, Moïse devient l'intercesseur d'Israël, celui qui prie quand les choses tournent mal, celui qui éduque, celui qui conseille.

Jésus, lui aussi, nous dit les Paroles de Dieu, mais à la façon de quelqu'un qui vient de Dieu et qui, au terme de sa vie, retourne en Dieu. Aussi est-il appelé « la Parole », le *Logos* de Dieu. « Au commencement était la

Parole (le Verbe) », dit le premier verset de l'Evangile selon Jean.

Dieu est ici présenté comme quelqu'un qui pense, aime et imagine. Pour faire sortir ce projet de son intimité et le mettre en œuvre, Dieu « parle... et il en est ainsi » (Genèse 1, 6). Dans le langage biblique tout commence par des Paroles de Dieu qui deviennent réalités visibles. Ainsi, en regardant la Création, nous connaissons les projets et pensées de Dieu. Selon le langage de Jean l'évangéliste, la Parole qui exprimait et réalisait les pensées de Dieu « est devenue chair ». Ce qui était le plus intime en Dieu a pris toutes les dimensions d'une personne humaine : Jésus. Le regarder, c'est regarder Dieu : « Qui me voit voit le Père. » L'écouter, c'est écouter Dieu. Jésus, c'est Dieu devenu connaissable, Dieu « en Vérité », le chemin par lequel Dieu veut se rendre accessible, se mettre à la portée des êtres de chair et de sang.

Il y a donc les Dix Paroles de Dieu transmises à Moïse puis la Parole devenue chair dans la personne humaine de Jésus (« *et verbum caro factum est* »). Désormais, Jésus est la Parole fondamentale qui contient les Dix Paroles, les confirme et accomplit la totalité de la Parole d'amour émise par un Dieu « que personne n'a jamais vu ».

« Une voix crie dans le désert » (Isaïe 40, 3-5)

Lire les Saintes Ecritures, c'est toujours, d'une certaine manière, aller dans le désert. Le désert représente le lieu révélateur où l'être humain peut trouver l'essentiel de ce qui « fait vivre ». Dans le désert, rien n'existe en dehors de l'homme et de Dieu ; mais, dans le désert, l'homme découvre également, à l'intérieur de lui-même, la tentation, l'épreuve, les question qui le font douter. Chacun d'entre nous est mis au monde dans ce triangle composé du Tentateur, de Dieu et de l'Etre humain. C'est là que nous pouvons découvrir notre véritable identité, notre conscience, le fond de nous-mêmes. Si l'homme traverse toute sa vie sans « aller au désert », on peut se demander s'il est vraiment venu au monde, né intérieurement. Je parle ici du désert aussi bien au sens propre qu'au sens figuré. Le désert physique est un lieu extraordinaire, envoûtant, éprouvant. En Israël, ou dans le désert du Néguev, ou sur les pentes du mont Sinaï, l'homme marche — il a soif, il réfléchit, il s'arrête et là, il se trouve seul avec lui-même et avec Dieu. En revanche, dans la vie courante, à force de courir, de téléphoner, de « zapper » d'une chose à une autre, d'un entretien à un autre, l'homme peut vivre des années sans réfléchir à ce qu'il est. C'est pourquoi je souhaite qu'un spectacle comme celui-ci puisse « positionner » les gens par rapport à eux-mêmes, introduire un peu de désert dans leur quotidien et leur donner envie d'aller plus au fond de leur conscience et de leur vie jusqu'à se demander : que suis-je, moi, dans tout ça ? J'aime, je mange, j'achète, je vends, je gagne de l'argent, j'en perds — mais que suis-je vraiment ? Qui suis-je ? Ma vie a-t-elle un sens en dehors de cette succession de choses et d'événements qui n'ont apparemment aucun rapport entre eux et auxquels je participe passivement ?

Le désert a formé, éduqué, élevé, mis au monde, au long de quarante ans, aussi bien Moïse que le peuple d'Israël. Là, au milieu de nulle part, Moïse a découvert Dieu. Là, il est retourné avec son peuple libéré pour lui faire toucher du doigt la Vérité du monde et de l'homme. Israël, Dieu, l'humanité se découvrent au désert. Ils y font Alliance d'Amour.

Quarante est le chiffre significatif d'une existence humaine. La symbolique des nombres est omniprésente dans la Bible. Par exemple douze représente la totalité : douze tribus d'Israël, douze Apôtres. Quarante symbolise l'unité d'une vie. Dire que Moïse a vécu trois fois quarante ans, c'est dire qu'il a eu trois vies successives, de plus en plus proches de l'idéal de perfection. Quarante années passées en Egypte avec une éducation égyptienne. Puis quarante années dans le désert pour acquérir une éducation individuelle, se marier, découvrir Dieu. Enfin quarante années pour accomplir la mission reçue de Dieu au Sinaï : faire sortir son peuple de l'Egypte, l'éduquer à vivre l'Alliance avec Dieu et le conduire à l'entrée de la Terre que Dieu lui destinait. Alors Moïse meurt sur l'ordre de Dieu, car le Texte nous dit qu'à cent vingt ans, il était encore vigoureux (« son œil n'était pas éteint »...) : « Meurs sur la montagne où tu seras monté, sois réuni à ta parenté ! » ordonne Dieu. Le Seigneur n'a plus besoin de lui, sa mission a été accomplie. Jésus, lui, meurt un peu avant quarante ans, puisque trente-trois indique approximativement l'âge auquel il commence à prêcher la Parole de Dieu — période qui dure quelques années. Contrairement donc à l'opinion courante, Jésus meurt vers trente-cinq ou trente-six ans, au maximum à trente-neuf ans : autrement dit avant de parvenir au terme normal d'une vie complète.

L'analogie la plus signifiante du point de vue de la symbolique numérique nous renvoie aux quarante jours passés par Jésus au désert. Cet épisode est déterminant dans le cours de sa vie. Jésus semble y découvrir la vérité sur son être de Fils et sur les grands combats de sa mission. A l'instar de Jean-Baptiste, ce fils de prêtre qui aurait dû vivre au service du Temple, comme prêtre, mais qui part au désert pour y accomplir sa mission de prédicateur et de « convertisseur » comme lieu de son épreuve et de sa renaissance. Le désert demeure pour tous ceux qui cherchent Dieu un lieu de conversion, un lieu où l'on décide de vivre en affrontant, seul, les questions les plus dangereuses, un lieu où l'on engage sa vie. Jean-Baptiste, comme Moïse, est un homme du désert : il va prêcher à ses contemporains la nécessité de bouger, de changer de vie, de s'amender, de se repentir pour revenir à la fidélité à l'Alliance... sous peine de périr.

Jésus part au désert, « conduit par l'Esprit » pour affronter le Tentateur. Celui-ci l'aborde en lui présentant des propositions apparemment fidèles aux Ecritures et à la confiance que Jésus doit avoir, comme fils, envers un Dieu-Père. La première proposition porte sur les biens : que les pierres se transforment en pains ! En réalité il propose à Jésus de copier le Créateur : de *dire* pour que cela *soit*. La publicité n'incite-t-elle pas chacun d'entre nous à succomber en faisant miroiter l'image d'une toute-puissance sur l'acquisition des biens ? Mais Jésus répond : « l'être humain ne vit pas seulement de pain », car pour lui toute parole qui vient de Dieu est un pain qui nourrit sa conscience spirituelle.

La deuxième tentation propose le succès ; le Tentateur emmène Jésus en pensée à Jérusalem, en haut du Temple, et lui dit : « Si tu es le Fils de Dieu, jette-toi en bas, alors des anges viendront te porter comme il est écrit dans les Psaumes. » Jésus refuse, au nom des Ecritures et de la foi : « Tu ne mettras pas à l'épreuve le Seigneur ton Dieu. » Tu ne diras pas à Dieu : si Tu ne fais pas ceci ou cela, je ne crois plus en Toi. Dieu n'est pas un distributeur automatique sur lequel on tape du pied pour qu'il livre la commande et rende la monnaie !

Cessons de nous comporter comme si nous étions plus grands que Dieu !

Troisièmement le Tentateur emmène Jésus sur la montagne (de Moïse ? le mont Nébo ?) et il lui dit : « Vois, toutes les nations sont à tes pieds, tu penses avoir le pouvoir... mais c'est moi qui peux te le donner si tu te prosternes devant moi. » Et Jésus répond : Non, Un seul exerce bien le pouvoir, c'est Dieu, parce qu'il commande pour nous libérer et nous faire grandir. Alors que toi, tu prends le pouvoir pour asservir les gens à tes idées, pour les vider de leur propre substance. Le Tentateur est démasqué, vaincu — Jésus a réussi l'épreuve du désert, il en ressort plus fort, avec la certitude d'avoir en lui l'Esprit de Dieu. Il a démonté le « système de Satan » : paraître franc, généreux, bienfaiteur de l'homme. Il a flairé les pièges de l'avoir, du succès et du pouvoir. Tous les mots qu'il prononce viennent des Ecritures inspirées par l'Esprit de Dieu : ces mots disent et font la lumière. Ils assurent la marche de l'homme vers les valeurs authentiques ; ils font jaillir Amour et Vérité entre Dieu et l'homme, entre l'homme et ses semblables. Jésus en a l'intime conviction et il va désormais le dire largement à l'humanité : « Quiconque fait le mal déteste la lumière » (Jean 3, 20). Par contre Jésus propose en toute honnêteté : « Celui qui fait la vérité vient à la lumière » (Jean 3, 21). Et il ajoutera plus tard : « Moi, la Lumière, je suis venu dans le monde afin que quiconque croit en moi ne demeure pas dans les ténèbres » (Jean 12, 46). Voici pourquoi, dès les premières lignes de son Evangile, Jean dit que Jésus, vraie Parole de Dieu, est en même temps la Vie et « la Lumière véritable qui éclaire tout homme » (Jean 1, 9).

Dans ces trois tentations, Jésus se réfère à Moïse et à la Tora. Il se comporte en vrai fils d'Israël qui refait, pour sa part, le chemin initiatique de son peuple. Les quarante jours au désert renvoient, de manière évidente, aux quarante années de Moïse dans le désert et à l'acceptation de l'Alliance à vivre avec Dieu et avec les autres la lumière de l'amour. Du désert, Jésus gravira la montagne et ajoutera aux Dix Paroles celle de l'amour qui va jusqu'au pardon absolu et libérateur. Le désert et la montagne : les deux lieux où Dieu rencontre l'homme.

La figure du berger

Les Ecritures ne se sont pas beaucoup penchées sur la jeunesse de Moïse ni sur celle de Jésus, d'ailleurs. Voici ce que nous savons de l'enfance du Messie. Jésus naît, comme Moïse, dans un contexte d'exil et de persécutions, et ses parents doivent fuir les soldats du Roi Hérode : ils se réfugient en Egypte, Dieu les en fera revenir comme il avait fait pour Israël, son Peuple bien-aimé. Jésus a été éduqué par Joseph, qu'on ne présente d'ailleurs pas comme son père. Marie, sa mère, est une fille de Sion parfaitement fidèle au judaïsme. Jésus reçoit la circoncision et fera sa *bar-mitsva* (il devient consciemment pratiquant de la Tora) à Jérusalem où il accompagne ses parents dès l'âge de douze ans pour célébrer dans la Ville sainte la fête de Pâque, *Pessah*. Là, il affirme que le Temple est la maison de son Père, Dieu ! A ses parents qui le cherchaient partout, Jésus dit : « Ne saviez-vous pas qu'il me faut être chez mon Père ? » Puis il retourne avec eux à Nazareth et on nous dit qu'il grandit en âge, en taille et en sagesse devant Dieu et devant les hommes.

Une vocation commune anime Moïse et Jésus : ils sont tous deux des bergers, le premier au sens propre car il garde, en pays de Madiân, les troupeaux de Jéthro, son beau-père, et le second au sens figuré comme pasteur d'hommes. Avec l'image de la vigne et de l'époux, la figure du berger a une fonction très importante dans les Saintes Ecritures. Le métier de berger est sans doute le premier métier des hommes dès que les nomades s'organisent pour la protection de leurs troupeaux. Le berger consacre son temps à surveiller, à soigner et à guider son bétail vers les pâturages. L'image était toute trouvée pour définir ceux qui, comme le Christ ou Moïse, se consacrent exclusivement aux autres — qu'ils soient membres de leur communauté humaine locale ou individus isolés, voire égarés. La vigne et ses grappes que l'on récolte pour en faire du vin représentent la joie et l'ivresse, aussi bien que l'amertume et la déception quand elle ne donne que de la piquette, du verjus. Quant à la troisième comparaison, celle de l'époux et de l'épouse, elle renvoie directement à l'Alliance sous la forme idéale de l'amour humain, avec tous ses aléas : perte de confiance, infidélité, rupture, haine ou conversion, retour, pardon et réconciliation.

Jésus va reprendre ces trois comparaisons pour lui-même en disant : « Je suis le bon pasteur » (Jean 10, 11). Et je vous demande à vous qui me suivez d'avoir de l'amour pour ceux que vous servez — « Pierre m'aimes-tu ? Tu m'as trahi trois fois... Alors si tu m'aimes, fais le berger ! » Il ne dit pas « Sois le berger » qui est une mauvaise traduction, puisque Pierre ne remplace pas l'Unique Berger, Jésus. Si on traduit bien, Jésus dit : Occupe-toi des autres à la manière d'un berger ! Conduis, protège les gens comme un berger agit envers son troupeau, cherche la brebis égarée pour qu'elle ne se perde pas loin des autres. Agis non par intérêt, pour gagner ton salaire, mais parce que tu aimes ces personnes et veux qu'elles soient pleines de vie.

Le Buisson ardent : les épines de la vie

La brebis égarée conduit le berger Moïse en haut du mont Sinaï, devant un buisson qui soudain s'enflamme et se met à résonner de la Voix de Dieu. Comment comprendre un événement surnaturel qui nous relie directement à l'Invisible ? Chacun choisit ses propres mots pour décrire ce type d'expérience quand il survient dans la vie. La Bible a aussi choisi ses mots : elle nous parle d'un buisson épineux qui brûle mais ne se consume pas... Il y a donc comme une force inépuisable qui alimente ce buisson puisqu'il produit un feu qui ne se nourrit de rien. Ce feu figure la source de toute vie. Une source brûlante, une source bénéfique. Les épines représentent probablement les difficultés rencontrées par le peuple d'Israël tout au long de son initiation, car l'existence n'est pas toujours un jardin plantureux où tout pousse avec luxuriance et profusion... Dans le cours de nos vies, on trouve aussi de quoi se piquer ! D'ailleurs, selon la Genèse, la malédiction de l'homme est représentée par des épines qui poussent jusqu'à étouffer le bon grain (Genèse 3, 18 et Luc 8, 14). Le feu qui brûle sans combustible et les épines inutiles (même les brebis ne s'en nourrissent pas) sont des symboles très forts et de Dieu et de l'homme.

C'est de ce Buisson de Feu que Dieu révèle son Nom à Moïse : « Je suis qui Je suis. » Le Nom est la définition même de la personne. Le cœur de cette annonce est le verbe *être* et son enjeu la notion d'existence : Je suis celui qui fait exister, Je suis la source de tout ce qui vit. Moïse apprend ainsi que Dieu est une puissance inépuisable, comme un feu qui ne s'éteint pas, et qu'il n'a pas besoin de réduire le buisson d'épines en poussière pour prouver son existence. Dieu ne méprise pas la détresse, l'apparente inutilité : au contraire, il l'enveloppe de son halo de sainteté et de bienfaisance. « J'ai entendu les souffrances de mon peuple », dit-Il à Moïse, manifestant sa miséricorde. Qu'est-ce que la miséricorde ? A l'origine, elle désigne les entrailles dans le ventre d'une mère. Ainsi Dieu est comme une Mère pour les hommes, une Mère qui a mal au ventre de voir ses Fils malheureux. « Mes Fils sont en Egypte et ils sont esclaves. J'ai résolu de les libérer, et toi, Moïse, qui comprends cela, tu vas être l'acteur de cette libération. » Mais le peuple doit commencer par se sortir de ses propres épines, c'est pourquoi il doit passer par le désert pour se libérer lui-même de ses défauts.

On peut établir un parallèle entre ce buisson de la Révélation et la couronne de Jésus qui sera elle aussi faite d'épines, symbole d'un nouveau type de royauté qui ne se réduit pas à la puissance ou à la richesse. Pour avoir dit qu'il venait instaurer le Royaume de Dieu, Jésus a été tourné en dérision : un roseau en main comme sceptre, une couronne tressée d'épines sur la tête. L'homme-bourreau fait retomber sur la tête de Jésus ses propres méchancetés intérieures et sa capacité d'injustice. Mais, en Jésus, Dieu ne se venge pas : il assume le mal que les autres se font pour les amener à comprendre qu'ils ont décidément grand besoin de se gouverner autrement, de vivre selon d'autres relations. La royauté de Jésus est celle du plus pur et du plus généreux de tous les rois : sublime réponse à l'appel de Dieu.

La réaction de Moïse à l'appel de Dieu est celle de tous les gens conscients. Il ne se précipite pas sur la mission difficile que Dieu lui donne. Sa réaction est très humaine : ça va me coûter trop cher, peut-être pourrais-tu en choisir un autre, je n'en suis pas capable... Tous les Prophètes ont commencé par hésiter ou par refuser :

Isaïe, Jérémie, Amos, Jonas... Les vocations se construisent toujours sur ce modèle : elles débutent par la certitude d'un appel reçu, à laquelle succèdent l'effroi et l'angoisse devant la tâche à accomplir. Puis vient l'acceptation, et la juste compréhension du rôle à jouer au bénéfice des hommes et en réponse à l'appel de Dieu. Puisque tu insistes, alors j'irai, mais donne-moi les moyens. Avec l'aide d'Aaron, Moïse se laisse persuader qu'il pourra mener à bien la mission malgré ses problèmes d'élocution et ses hésitations (le berger n'est pas un orateur). Aaron sera le porte-parole du porte-parole de Dieu.

Par la suite, Aaron fut choisi par Moïse comme grand organisateur du culte, le premier grand prêtre d'Israël. Lui et les lévites feront fumer l'encens, présideront aux sacrifices et aux prières, rappelleront les Paroles de l'Alliance, prononceront le Nom sacré de Dieu... Sur ce point du sacerdoce Jésus introduit une nouveauté essentielle : il choisit ses disciples parmi les hommes du peuple (laïcs) et non plus parmi les membres d'une tribu, celle de Lévi. Les rapports entre, d'une part, Moïse et Aaron et, d'autre part, Jésus et ses disciples diffèrent profondément : Aaron et les lévites sont les hommes du Temple, alors que les disciples du Christ seront des hommes pour le bien du peuple. Pourquoi insister sur cette précision ? Parce qu'il s'est produit une véritable révolution : Jésus est *devenu* le Temple que Dieu habite ! Les évangélisateurs sont avant tout les annonciateurs de la Parole nouvelle à toute personne humaine, et Jésus ne les envoie pas célébrer le culte dans le Temple : « Chaque fois que vous êtes en relation avec moi et que vous vivez cette relation dans le cadre du repas pascal, chaque fois que vous annoncez ma vie et mes pensées, vous êtes en relation avec Dieu, vous vivez chez Dieu et vous communiez avec Lui. » Mais les Envoyés de Jésus ne le feront plus dans le Temple sacré des Juifs. Comme eux, cependant, ils se rassembleront en un même lieu (église, équivalent du mot de synagogue). Aaron n'a donc pas de successeur dans le christianisme : jamais Jésus ne s'est dit « prêtre ». Jamais il n'a appelé ses Apôtres des « prêtres ». Jamais ses disciples ne parleront de « prêtres » sauf pour dire que tout l'ensemble du peuple de Dieu est un « peuple de prêtres », un « peuple sacerdotal ». Les prêtres catholiques devraient donc être appelés des « Anciens » (en grec, *presbyteros* qui signifie Ancien, un tout autre mot désigne le prêtre, *hiereus*, celui qui officie dans le lieu sacré, le *hieron*). C'est la juste référence à la décision de Moïse auquel Jéthro, le berger, suggérait de désigner parmi les sages de son peuple un groupe de soixante-dix Anciens : leur rôle consisterait à aider Moïse pour diriger et gouverner les Hébreux. Jésus a, lui aussi, choisi soixante-dix Anciens et douze Apôtres, mais il n'a jamais élevé quiconque à la fonction de prêtre.

Pourquoi les dix plaies ?

Le retour de Moïse en Egypte déclenche le célèbre épisode des dix plaies. Ce passage de l'Exode peut choquer des lecteurs contemporains et leur faire croire que le Dieu du Premier Testament est un Dieu de colère qui, volontairement, fait souffrir les hommes. En tant que Chrétiens et héritiers de ces Ecritures, nous devons expliquer ces épisodes. Le début de la Bible (les textes les plus anciens) a l'ambition de montrer que Dieu est infiniment intéressé par la vie des êtres humains et que, par conséquent, il intervient immédiatement dans leur existence. Certaines expressions soulignent l'action directe du Seigneur sur les destinées humaines : « C'est

Moi qui donne la vie et c'est Moi qui ôte la vie. » Cela signifie en fait que Dieu est là, même si on ne le voit pas, même si on ne *croit* pas en Lui. Dans ce contexte, tout ce qui arrive, du temps qu'il fait à la qualité ou à la quantité des récoltes, provient de Dieu. Alors, si Pharaon s'« endurcit » et ne veut pas entendre parler de ces esclaves qui construisent ses monuments, la Bible dira que Dieu, omniprésent et omnipotent, est la cause de ses refus. « Dieu endurcit le cœur de Pharaon. » Il faut bien comprendre que cette présentation des événements bibliques relève davantage d'une manière de parler et de raconter que de la réalité historique. Or cette manière de parler disparaîtra progressivement dans les écrits plus récents, et notamment dans les Paroles de Jésus. Dieu, à travers son Fils, ne parle plus aux hommes de cette façon. Il y a donc une évolution naturelle et historique dans la Révélation et dans le langage de la Révélation. On commence par mêler Dieu à la pâte humaine, ce qui le rend coupable de tout ce qui arrive ; puis, peu à peu, l'homme prend la direction de sa vie, il devient responsable de ses actes et découvre ainsi sa propre culpabilité comme indépendante de la volonté divine. Mais il faut pour cela évoluer dans notre rapport à Dieu, de même que nous évoluons tous vers la maturité. C'est ce que j'ai pu constater personnellement après avoir lu des milliers de lettres provenant de jeunes qui demandent la confirmation. Ils me demandent souvent : « Mais pourquoi Dieu a-t-il fait mourir mon grand-père ?... » Cette attitude relève de vieux archétypes chez l'être humain. Puisque Dieu existe, j'en déduis inconsciemment qu'il doit s'intéresser à moi et qu'il est responsable de tout ce qui m'arrive. Si les hommes se tuent, c'est à cause de Dieu, s'ils ont faim, c'est à cause de Dieu, etc. « Alors que fais-Tu ? Pourquoi dors-Tu ? Ne vois-Tu pas les malheurs dans lesquels nous sommes ? Interviens ! » Et Dieu ne répond pas. De même Jésus criera sur la croix avec le début du Psaume 22 : « Mon Dieu, Mon Dieu, pourquoi m'as-Tu abandonné ? » Dans la souffrance, on se croit abandonné de Dieu. Aux moments cruels et douloureux de l'agonie et du Calvaire, le silence de Dieu est perçu comme une non-présence. Mais il ne s'agit pas d'un abandon, il s'agit simplement d'un retrait, d'une distance pour qu'adviennent notre liberté et notre responsabilité, pour nous permettre de prendre notre vie en main, dans le bonheur comme dans le malheur.

Une idée de Dieu qui évolue

Le passage de la conception d'un Dieu impliqué dans notre histoire à celle d'un Dieu qui nous laisse libres se trouve dans le livre d'Ezéchiel au chapitre 18. Il est dit : « Vous avez l'habitude de penser que le mal se transmet de génération en génération selon le dicton : Les parents mangent des raisins verts et ce sont les enfants qui ont mal aux dents. — Non, ce n'est pas ainsi que J'agis, dit Dieu. Car c'est celui qui fait le mal qui supportera les conséquences du mal. » Tant qu'un être humain n'est pas capable de prendre la responsabilité de sa vie, qu'il se croit soumis à son peuple, à son Dieu, à la société — il n'est qu'une chimère, le pantin de lui-même. Aujourd'hui, plus que jamais, la société a besoin de comprendre ce qu'est la responsabilité individuelle et surtout de croire qu'elle existe ou qu'elle doit exister. Il faut dire aux hommes : si tu te plains, si tu souffres, si tu as des ennuis, c'est d'abord à toi-même que tu les dois. Notre idée de Dieu s'élabore et s'améliore au cours des siècles et, peu à peu, un plus juste équilibre s'installe entre la liberté humaine et la Providence divine.

De même s'atténue la menace d'un père Fouettard qui dirait : « Pour tout ce que tu feras qui ne correspondra pas à mes idées, je te battrai, te punirai. » Dieu ne nous parle pas ainsi ; au contraire, Il nous apprend : si tu fais ainsi, tu vas en mourir. Nous retrouvons exactement le problème du premier être humain dans la Genèse, *Ish* et *Isha* (dont nous ne pouvons pas traduire les noms). L'être humain au masculin et au féminin peut faire ce qu'il veut, tout est à sa disposition. Une seule chose lui est interdite : relativiser le bien et le mal, les considérer de son seul point de vue, croire (à tort) qu'il serait capable de juger à lui seul ce qui est bien ou mal. Dieu ne lui dit pas : « Si vous mangez du fruit interdit, alors moi je vous punirai » ; mais : « Si vous en mangez, alors, sûrement, vous en mourrez. » Ce point est capital : Dieu ne punit pas, Il avertit et prévient l'être humain en lui disant qu'il peut tout faire, mais en connaissance de cause. Tel est l'enseignement que l'on retrouve dans les Dix Commandements. Tu dois aimer, je te demande d'aimer, mais certaines choses ne correspondent pas à l'amour : lorsque, par exemple, tu commets un crime de sang, un rapt, quand tu prives l'autre de sa liberté, quand tu méprises ton père et ta mère, etc. « Vois, je te propose aujourd'hui vie et bonheur, mort et malheur. Si tu écoutes les commandements de Yahvé ton Dieu que je te prescris aujourd'hui, et que tu aimes Yahvé ton Dieu, que tu marches dans ses voies, que tu gardes ses commandements, tu vivras. [...] Je prends aujourd'hui à témoin contre vous le ciel et la terre : je te propose la vie ou la mort, la bénédiction ou la malédiction. Choisis donc la vie, pour que toi et ta postérité vous viviez, en aimant Yahvé ton Dieu, écoutant sa voix et t'attachant à lui ; car là est ta vie ! » dit le Deutéronome au chapitre 30, 15-20. Faire le bien, c'est aimer et donner à quelqu'un les moyens de grandir ; faire le mal c'est tromper quelqu'un et lui proposer tout ce qui va en fait l'avilir, l'abaisser, le perdre, le tuer. Dieu place tout son peuple devant cette alternative, en lui reconnaissant, par l'intermédiaire de Moïse, la responsabilité de son choix.

« Bienheureux vous si... » En prolongement des Dix Paroles, Jésus propose huit paroles qui nous permettent d'entrer dans le monde de Dieu et du Bonheur. Ce ne sont pas des commandements ou des diktats, assortis de menaces ou de punitions sévères en cas de désobéissance. Il s'agit d'orientations, de propositions pour entrer dans une progression spirituelle, quelles que soient nos conditions d'existence. Le bonheur est dans ton cœur, dit Jésus, il ne t'est ni imposé ni enlevé. Aussi, rends ta conscience transparente, ouverte à la compassion, pleine de force au service de la douceur, capable de supporter les oppositions ou adversités. Libère-toi de tout besoin de posséder les autres ou leurs biens ! Si ta conscience est de cette qualité, alors tu es sur le chemin de la responsabilité et de la spiritualité ; déjà tu es heureux, et tu marches vers un bonheur encore plus grand : celui de l'amour parfait envers toi, les autres et Dieu.

La traversée de la mer Rouge comme un baptême

Cet épisode si connu de l'Exode renferme une signification très forte que nous ne percevons pas toujours : il nous renvoie directement à la Création du monde dans la Genèse, c'est-à-dire à la séparation, au troisième jour, de la terre et de l'eau. La Création, pour Dieu, consiste en une séparation qui est, en fait, une organisation. Structurer, c'est établir des relations entre des réalités différenciées : ce n'est pas fusionner. Ici, il s'agit de distinguer les eaux d'en bas et les eaux d'en haut, les océans et les nuages. Dieu seul a cette faculté de séparer, de différencier dont le résultat aboutit à l'existence de chaque chose : la terre et le ciel, ce qui vole et ce qui nage, le tout petit et le très grand, l'homme et la femme. La différence va permettre le dialogue, la collaboration, l'échange. Moïse, en fendant les eaux de la mer des Joncs, en traçant le chemin de la liberté, parvient ainsi à séparer le peuple d'Israël et les Egyptiens, à différencier la terre ancienne d'esclavage de la Terre nouvelle promise par Dieu aux descendants d'Abraham. Certes ils regretteront la terre fertile d'Egypte tout au long de leur séjour dans le désert, mais cette séparation violente a été nécessaire : elle « met au monde » et crée le peuple d'Israël. Les Hébreux doivent se *séparer* de l'esclavage dans lequel ils sont retenus, tout comme Moïse doit se *séparer* de son passé égyptien qui l'a éloigné de son Dieu.

L'eau de la mer des Joncs est donc à la fois génératrice pour le peuple d'Israël et destructrice pour les soldats égyptiens. La traversée du Jourdain à pied sec par Josué et les Hébreux rappelle cet épisode. Et c'est désormais le baptême chrétien qui fait référence à cette expérience de régénération : on descend dans l'eau — et c'est un risque — pour en ressortir humain spirituel, relié à Dieu comme un enfant à son père. Lorsque jadis on baptisait les adultes, on les trempait totalement dans une grande cuve ou baptistère, après les avoir dévêtus des vieux vêtements symbolisant leur ancienne manière de vivre. Lorsqu'ils ressortaient de l'eau, propres et purifiés, on leur faisait une onction d'huile parfumée et on les revêtait de vêtements neufs qui brillaient d'une gloire nouvelle dans la nuit pascale, la nuit commémorative de la libération d'Egypte. Voici de multiples et grands symboles qui restent inchangés aujourd'hui ; malheureusement, les signes visibles ont été réduits à quelques gouttes d'eau sur le front, ce qui risque fort de ne plus évoquer la grande réalité d'un changement radical de vie pour entrer dans le monde de Dieu et de l'Amour.

Si l'on en croit les mots du Deutéronome, l'amour de Dieu pour son peuple relève de la jalousie. Nous le répétons : il s'agit une fois encore d'une manière de parler de Dieu qui peut choquer si elle est mal interprétée. Cette déclaration de Dieu ne signifie pas : Je suis aussi bête qu'un homme jaloux qui soupçonne toujours sa femme. Elle veut dire : Je suis amoureux de toi d'une manière telle que Je vois bien que tu ne m'aimes pas suffisamment, que tu cours après d'autres dieux dont tu espères peut-être plus d'indulgence... Je n'aime pas te voir dans les bras d'un autre, car Je sais que cet autre te fait du mal et finira par te tromper. Parce que Je suis fidèle et amoureux de toi, Je te rechercherai toujours, où que tu sois, Je te ramènerai au désert et Je te ferai réfléchir. Alors tu redeviendras ma fiancée, comme au premier jour de notre amour. Le prophète Osée a ainsi comparé le peuple d'Israël à une épouse souvent infidèle qui blesse la « jalousie de Dieu ». De même le prophète Ezéchiel dans son admirable chapitre 16 résume l'amour totalement gratuit et fidèle de Dieu : un amour qui demeure même lorsque la fiancée semble s'éloigner avec d'autres dieux, d'autres valeurs.

Ces Textes très anciens nous disent, avec les mots de nos sentiments les plus humains, que Dieu nous aime infiniment. Ils n'évoquent pas cette jalousie stupide qui pousse l'homme à frapper sa femme pour un simple soupçon, mais ils mettent en lumière le plus bel aspect de la jalousie comme paroxysme de l'amour, sommet de la relation et de l'attachement réciproque entre époux.

Le Veau d'or : une idole qui doit retourner à la terre

La force de l'amour peut être dévoyée par les jeux de la séduction. Le Veau d'or correspond à la tentation de remplacer Dieu par quelque chose qui pourrait Lui ressembler. Cette idole est également symbole de richesse car cette fausse représentation de Dieu est faite avec de l'or. Les Hébreux donnent à Aaron les bijoux qu'ils ont « empruntés » aux Egyptiens pour qu'il leur fabrique un dieu qui remplace celui de Moïse. Or Moïse, redescendant du mont Sinaï, brise les Tables de la Loi pour montrer que l'Alliance est déjà rompue par le Peuple ; ensuite, il casse et broie la statue en or pour en mélanger la poussière à celle de la terre — afin que l'or redevienne terre, afin qu'il perde cet éclat qui hypnotise l'homme et la femme. Il la fera même avaler à ceux qui l'ont voulue pour leur montrer qu'elle n'est pas une nourriture « mangeable », digne de l'être humain. L'idolâtrie consiste à préférer ce qui brille à ce qui est, ce qui rapporte à ce qui fait vivre. Celui qui est capable de maîtriser l'argent — celui-là est vraiment libre.

L'histoire du jeune homme riche racontée en Luc 18 mérite d'être citée. Ce notable demande à Jésus : « Que dois-je faire pour recevoir la vie éternelle ? » On voit bien déjà son état d'esprit, sa volonté de négocier : pour lui, la vie éternelle représente une sorte de bénéfice ou d'investissement. Jésus répond : tu auras cette vie en respectant les commandements de Moïse. Le riche répond qu'il les respecte depuis sa jeunesse. Jésus lui demande alors de vendre ses biens et de les donner aux pauvres afin de ne plus avoir à les gérer et de pouvoir l'accompagner. C'est une autre façon de lui dire : ne négocie pas, apprends à donner gratuitement, comme tu as reçu gratuitement, à commencer par ta vie et une bonne partie de ce que tu possèdes ! Le notable comprend alors qu'il n'est pas libre, qu'il reste trop attaché à ses biens, ou plutôt attaché par ses biens. Il capitule devant une telle proposition de vie libre et pauvre : il s'en va. Et Jésus commentera : « Il est plus facile à un chameau d'entrer dans le trou d'une aiguille qu'à un riche d'entrer dans le Royaume de Dieu. » Pierre qui assiste à la scène dit à Jésus : « Voici que nous, laissant nos biens, nous t'avons suivi. » Jésus lui répond qu'il aura la vie éternelle dans le monde à venir, et « bien davantage en ce temps-ci » : ce « davantage » étant d'abord, me semble-t-il, le bonheur et la liberté du cœur. Parole absolument fondée, certes, et beaucoup en font l'expérience. Mais c'est avec de telles paroles que Jésus a effrayé les gens et s'est fait détester des riches et des puissants.

Josué et Jésus face au Jourdain

A la fin de sa vie, Moïse est devenu un homme accompli, parfait, arrivé à la plénitude de l'humanité, une humanité spiritualisée. « Plus jamais en Israël ne s'est levé un Prophète comme Moïse », un homme qui avait connu le Seigneur et lui parlait face à face. On sait que Dieu lui interdit de pénétrer en Terre promise à cause de l'épisode des eaux de Mériba. En effet, au lieu de frapper le rocher une seule fois, avec pleine confiance en la Parole de Dieu, il s'y est repris à plusieurs fois. Moïse a porté sa part de péché. A cause de toutes les fautes commises pendant l'Exode, Dieu refuse que la première génération entre en Terre promise. Seuls les fils des émigrants auront ce droit et cette chance car, jeunes et neufs, ils sont encore purs et innocents du péché d'infidélité ou de méfiance. A Terre nouvelle doit correspondre un peuple renouvelé.

Il y a une continuité évidente entre Josué et Jésus : tous deux se nomment en hébreu *Iéoshoua*, c'est-à-dire *Dieu sauve*. Jésus est le premier-né de ce peuple, le Fils Bien-aimé qui sort régénéré des eaux du Jourdain où Jean-Baptiste l'a plongé et baptisé. De même Josué est le premier des Hébreux à franchir le Jourdain à la tête des armées israélites. Ensuite, il entrera en vainqueur dans Jérusalem tout comme Jésus lors du dimanche des Rameaux. Ce jour-là fut un jour de grande joie pour tous ceux qui suivaient Jésus : ils coupaient des rameaux d'olivier pour acclamer celui qui entrait à Jérusalem comme un chef victorieux, et surtout comme un Roi de paix puisqu'il avait choisi un tout petit âne comme monture, refusant ainsi le cheval réservé aux guerriers victorieux. Mais cette fidélité joyeuse allait s'effondrer quelques jours plus tard : la foule attendait probablement un libérateur capable de chasser les occupants romains et non pas seulement un spirituel attentif à toutes les dépendances intérieures qui font de l'être humain une personne à libérer, à sauver, en menant un combat avec les armes de la vérité, de la justice, de la paix, de la grandeur d'âme et du pardon.

Les Alliances de Dieu

La vraie spiritualité du peuple d'Israël commence avec Moïse et non pas avec Abraham. Abraham fut le premier croyant, le premier à écouter la Parole de Dieu. C'est pourquoi l'islam reconnaît Abraham et son fils Ismaël comme les premiers croyants. Le Dieu d'Abraham est Celui que les Chrétiens, les Juifs et les Musulmans ont l'intention de rejoindre, de prier et d'écouter.

Cependant, Abraham n'a pas créé de culte ni de religion. C'est bien Moïse qui s'en est chargé après la réussite de la sortie d'Egypte. Ainsi la Genèse devient le prologue de la Tora. Dieu y apparaît comme Créateur de tout, et il manifeste son intérêt pour l'humanité en se faisant connaître d'Abraham, en lui promettant un enfant et un pays, un « chez-soi » qui compensera le Paradis perdu. Dieu ne se présente pas d'abord comme un Etre qui exige ou demande. Il prend l'initiative du Don gratuit : Il n'inaugure absolument pas des relations de commerce, de droit, ce qui fait apparaître une rupture très forte avec les religions de l'époque. Il est Dieu, mais autrement : le « Très Autre » que tous les dieux.

Après Abraham, Moïse et bien d'autres, Jésus intervient aussi de manière décisive dans l'histoire de l'humanité. Son intention n'est pas de substituer à l'Alliance de Moïse une « nouvelle » Alliance — car jamais, malgré les critiques qu'il adresse aux prêtres et aux lévites, il n'imagine rompre avec ce que Moïse représente. Au contraire, il agit selon la Tora, et mène une existence parfaitement sainte selon l'Alliance de Moïse : « N'allez pas croire que je sois venu abroger la Tora ou les Prophètes : je ne suis pas venu abroger mais accomplir » (Matthieu 5, 17). Nous devons faire très attention à la notion de nouveauté, car elle peut devenir erronée si l'adjectif « nouveau » signifie que l'ancien est remplacé, qu'il n'a plus lieu d'exister, et que tous ceux qui vivent selon « l'ancienne » Alliance se retrouvent « à côté » de la vraie religion, exclus de la relation aimante avec Dieu. Une telle conception de la nouveauté serait tout à fait inexacte. L'amour de Dieu pour le peuple d'Israël, avec lequel il a fait Alliance dans le désert, est absolument définitif. Jésus provient lui aussi de ce peuple, il a vécu selon la foi judaïque ancestrale et l'a portée à sa plénitude. Une « seule » nouveauté existe : l'approfondissement et le renouvellement de l'Alliance par l'amour qui s'offre, pardonne et devient l'unique source de tout, par l'attention donnée au cœur de la Tora plus qu'aux prescriptions ajoutées par des autorités humaines pour permettre à tous les détails de l'existence d'être imprégnés d'attention à Dieu. C'est pourquoi nous préférons parler du Premier et du Second Testament plutôt que de l'Ancien et du Nouveau, afin d'éviter l'absorption de l'ancien par le nouveau. Nous voulons aussi montrer que le second est le second, non le premier, et qu'on l'interprète correctement dans la mesure seulement où on le lit en parallèle avec le Premier puisqu'il fut rédigé manifestement par des personnes qui avaient constamment le Premier comme horizon et référence.

Du Dieu unique à la Trinité

De la même manière nous ne devons pas opposer le Dieu unique du Premier Testament et la Trinité du Second Testament. Le passage entre ces deux conceptions de Dieu constitue la grande pomme de discorde entre judaïsme et christianisme. Jésus parle en effet de Dieu comme de son Père, mais ceci d'une façon très particulière : il est à la fois *son* Père et *notre* Père. « Le Père et moi sommes Un » dit-il. « Je suis venu de la part du Père et je retourne dans le Père. » L'interprétation donnée par notre Eglise consiste à dire que Jésus est Fils de Dieu le Père. Il vit en Dieu comme celui dont l'attitude est essentiellement filiale. Et, réciproquement, Dieu est Père car il a envers cet autre Lui-même une attitude paternelle, génératrice, donatrice. Jésus, le Fils ayant assumé un destin humain, accueille et met en réalités humaines tout ce que le Père désire ou demande. Le même Jésus, Fils bien-aimé, parle aussi de l'Esprit qu'il enverra à ses disciples lorsqu'il sera remonté vers le Père : « Voici que je vais envoyer sur vous ce que mon Père a promis. Vous donc, demeurez dans la ville jusqu'à ce que vous soyez revêtus de la force d'en haut » (Luc 24, 49). Cette Force qui va les conduire jusqu'au bout de leur mission descend sur eux le jour de la Pentecôte juive, de *Shavouot*, fête capitale puisqu'on y fait mémoire de l'Alliance donnée au Sinaï, de la naissance du Peuple comme Eglise de Dieu, autrement dit comme communauté de ceux qui répondent à la convocation et à l'appel de Dieu (second pèlerinage de l'année à Jérusalem après *Pessah*, la Pâque). Ce jour-là l'Esprit-Saint apparaît aux Chrétiens comme une langue de feu, une puissance de diffusion du message d'amour et de fidélité à l'Alliance de Dieu sur l'ensemble de la planète. Ce « feu de Dieu », avec la puissance du Souffle divin, peut éliminer notre fascination pour les idoles (qui sont mensonge et goût de mort) et donner aux disciples de Jésus la force de réaliser les œuvres du Père et du Fils. En parlant de Dieu sous la forme de la Trinité, les Chrétiens évoquent donc le dialogue intérieur qui se tient entre ces trois instances qu'ils appellent aussi des Personnes. A nos yeux de Chrétiens, en écoutant les paroles de Jésus, le mono-théisme n'est pas un mono-logue, mais un monothéisme relationnel. Dieu bouillonne de vie à l'intérieur de Lui-même. Cette réalité demeure pour une part inexprimable. Nous ne pouvons ni imaginer ni nous représenter une Trinité unique dans laquelle « trois ne font qu'Un ». De là ont surgi des problèmes aussi bien internes à la théologie chrétienne qu'externes par rapport au judaïsme et à l'islam — mais nous osons dire que l'unité dans cette diversité est envisageable, que Jésus, fils de Marie de Nazareth, condamné par sa propre religion comme déviant, a été rendu, par l'Esprit de Dieu, à nouveau vivant mais non visible, non présent à nos sens. Cette résurrection de Jésus met le fils de Marie en position de premier-né et de chef de file de l'humanité appelée à ressusciter elle aussi par la puissance de l'Esprit de Dieu. On peut, certes, tâtonner, énoncer des propositions mal construites, commettre des erreurs, dès lors qu'on se risque à décrire Dieu. Quoi d'étonnant ? Si Dieu est créateur, amoureux de l'homme et son sauveur, comment pourrions-nous l'étreindre par nos mots, le réduire à quelques pensées ou définitions, alors que toute la science de nos contemporains demeure convaincue de ne pas être capable de décrire l'univers, de savoir s'il est infini ou non, éternel ou non, ou encore de décrypter le mystère de la vie ? Voilà pourquoi j'attends la rencontre de ce Dieu véritable — pour avoir la connaissance que j'ai actuellement de façon partielle. Mais, chrétien, serviteur de l'Eglise catholique, je parle de Dieu en accueillant les paroles de Jésus, en ouvrant mon cœur à l'enseignement du Messie de Dieu. Et je crois que, grâce à lui, un jour, les êtres humains, tous ensemble, seront capables de comprendre que leurs différences ont été des différences de conception, d'expression, de style de relation avec Dieu et entre hommes. Alors ils s'apercevront qu'il y avait entre eux beaucoup moins de divergences que nous ne le pensons actuellement. C'est à ce niveau d'entente et de rapprochement que les Dix Commandements peuvent déjà jouer un grand rôle pour tous ceux qui croient en un seul Dieu et qui sont heureux de savoir qu'il s'intéresse constamment à l'homme !

Le Décalogue comme charte des valeurs judéo-chrétiennes

Les Dix Commandements sont à l'origine de nos valeurs et de nos civilisations — mais à condition cependant de ne pas les concevoir comme un catalogue de règles juridiques qui exposeraient les bases légales et officielles d'une récompense pour ceux qui y obéissent et d'une punition pour ceux qui y sont infidèles. Une fois de plus, nous ne pouvons comprendre le Décalogue qu'en entrant dans l'esprit de l'Alliance. Le Décalogue n'est pas un code pénal : on ne fait pas Alliance avec un supergendarme ou des représentants de la loi ! Les Dix Paroles nous sont données par amour, elles nous envoient un message primordial qui concerne directement la manière dont nous décidons de vivre. Ce ne sont pas d'abord des règles, mais plutôt de bons et forts conseils que Dieu nous donne. Selon la tradition rabbinique, il y a dans la Tora six cent treize commandements. Mais il nous faut distinguer les fondements que sont les Dix Commandements et ses multiples applications concrètes. Le Décalogue nous donne l'*esprit* et non le détail de ce que nous devons faire ou ne pas faire. C'est pourquoi les Dix Paroles se sont dégagées de l'ensemble des prescriptions de la Tora. Ces Paroles sources permettent de vivre avec Dieu, avec ses parents, avec son prochain, avec l'humanité. Certes, beaucoup d'expressions négatives portent sur des comportements dont on sait avec certitude qu'ils sont destructeurs de l'autre et de soi-même. Mais l'amour auquel nous invite le Christ, en complément de l'enseignement de Moïse — cet amour n'a pas de limites. Dans le chapitre 19 du Lévitique figure le commandement : « Tu aimeras ton prochain comme toi-même », et Jésus dira : « Aimez-vous les uns les autres comme je vous ai aimés. » Ce déplacement d'accent fait sauter toute limite. Jésus n'a pas seulement aimé ses contemporains « comme lui-même » : il leur a tout donné, y compris ce qu'on réserve ordinairement pour soi, « sa peau », sa survie, son existence. Il a préféré aller jusqu'au bout de son amour pour l'humanité, en l'aidant par ses paroles et ses actions à sortir de ses impasses et de ses erreurs d'orientation, alors même qu'il comprenait que la résistance et l'opposition à son message allaient le faire dévorer par ceux dont il voulait le bonheur et la vie.

On voit bien la continuité et la différence entre Moïse et Jésus. Moïse, devant l'opposition de son Peuple et ses infidélités, intercède auprès de Dieu : il est critiqué par les siens mais continue à les servir au nom de Dieu. Jésus fait de même mais il va jusqu'à accepter de perdre sa vie, ou plutôt de la donner, pour que le Peuple ouvre enfin les yeux sur ses mensonges et ses haines et se décide à changer radicalement de comportement. Comment ? En choisissant d'abord d'aimer l'autre à la manière dont Jésus aime. Aussi, plus tard, saint Augustin dira : « Aime et fais ce que voudras ! » Si tu oses aimer l'autre plus que toi-même, laisse-toi aller à toutes tes inspirations : tu es certain de promouvoir la grandeur de l'autre par tout ce que tu feras. Tu auras dépassé toute limite. Tu mettras en œuvre le cœur de la Tora. La confiance et la paix entre tous les hommes naîtront seulement de l'amour qu'ils choisiront de vivre. S'ils choisissent l'amour selon Jésus, à mon avis, ils choisissent ce qu'il y a de meilleur et de plus efficace... mais aussi de plus difficile, sinon impossible sans le « feu de Dieu ».

Moïse et Jésus : deux formes de libération

Moïse a souvent été perçu comme un libérateur qui n'a pas hésité à se battre contre l'oppresseur. Qu'en est-il de Jésus ? Il n'a pas libéré son peuple au sens où il aurait chassé les Romains de la Judée. Ceux-ci auraient pu représenter les nouveaux Egyptiens oppresseurs (d'autant qu'ils n'étaient pas chez eux en terre d'Israël, ce qui aggravait leur cas). Parmi ses disciples, certains, proches des zélotes qui représentent les combattants de la libération, ont demandé à Jésus d'engager la lutte armée contre les occupants, de prendre la tête d'une libération politique. Jésus n'a pas voulu organiser la résistance ni transformer son Message en un appel à une révolution politique. Toutes ses interventions publiques et ses paroles demeurent au bénéfice de la foule, du peuple. Jésus a refusé d'agir en homme politique ou en chef d'état-major. Il est resté homme de terrain qui s'adresse à l'ensemble de la population pour toucher le cœur de chacun : hommes, femmes, enfants, malades, paralytiques, isolés, exclus, lépreux, pécheurs... Partout où il a croisé des êtres à délivrer du malheur, il s'en est fait proche, bon samaritain. Il n'a jamais cessé de proposer la libération des pauvres, des faibles. Toutes ses réponses, toutes ses Béatitudes, tous ses commentaires de la Tora ont pour but de sauver ceux-là qui acceptent de le suivre pour recommencer à espérer. Les sauver de leur propre esclavage intérieur, de leur refus de pardonner, telle est la profonde révolution qu'il propose. Il veut délivrer les hommes de leurs plus lourds fardeaux personnels : la peur de la mort et le refus de pardonner qui nous empêchent en effet de vivre comme des hommes libres, qui nous terrorisent et nous rendent mauvais par réflexe de conservation. Jésus veut nous délivrer de notre peur ultime, celle de n'être pas la source de tout, de notre peur de recevoir, de notre crainte de devenir l'esclave de quiconque offre son aide ou donne gratuitement, sans exiger rien en retour. Il nous enseigne à recevoir joyeusement et à être reconnaissants pour ce que nous recevons. Il nous apprend à grandir en donnant gratuitement à notre tour. En ce sens-là, oui, Jésus est vraiment le grand libérateur de l'humanité !

La lutte demeure nécessaire, certes, mais pour permettre que cette libération spirituelle ait une incidence sur la vie matérielle. Les mouvements chrétiens s'inspirant d'une théologie de la libération et d'un retour à la figure de Moïse sont utiles pour mettre fin aux esclavages qui dénaturent l'homme. Je ne peux exiger de quelqu'un qu'il soit libre à la manière de Jésus s'il est opprimé toute la journée par un propriétaire, un patron ou un gouvernement et s'il est écrasé par un esclavage physique, économique, mental. Se révolter contre ceux qui organisent le rapt envers les personnes, contre ceux qui s'octroient un pouvoir totalitaire, dominateur, oppresseur, c'est participer à une action de libération. Toutefois, l'oppression ne vient pas toujours d'une dictature politique : il y a aussi l'opinion publique quand elle impose ses préjugés, l'amour de ce qui brille, le désir sexuel quand il n'est pas vécu dans l'amour véritable d'une personne pour une autre personne, le mensonge quand il travestit la réalité pour convaincre plus facilement les gens de participer au mépris des petits. Nous sommes donc invités par Jésus à envisager la libération d'abord d'un point de vue spirituel, humaniste et, lorsque les circonstances l'exigent, à intervenir par les moyens de la justice, de la vérité, de la paix, contre toutes les formes d'oppression dont ce siècle a révélé les multiples masques trompeurs.

L'invitation du pape au dialogue interreligieux et à la tolérance

En tant que responsable d'une petite partie de l'Eglise catholique de France, j'attendais que le pape fasse cette démarche lors de son pèlerinage au mont Sinaï et au monastère Sainte-Catherine. Ces lieux sont extraordinairement symboliques de toute l'histoire de l'humanité dans ses racines fondatrices : ils ne représentent pas une histoire passée, révolue. Le Moyen-Orient biblique continue de vivre au cœur de nos civilisations : il en révèle les failles et les remèdes. C'est pourquoi l'histoire de Moïse nous parle encore aujourd'hui : elle est infiniment actuelle, tout comme celle du Fils de Dieu. Je souhaitais ardemment ce voyage du pape, pèlerin de l'humanité, son appel à une communion plus fraternelle entre tous les croyants, ses actes de repentance envers nos frères juifs. Notre mission aujourd'hui consiste à travailler avec tous ceux qui veulent aller dans cette direction. Dans mon évêché des Yvelines, je suis témoin de paroles et d'actes qui donnent beaucoup à espérer, qui redonnent le bonheur et le goût de vivre. Choisissons maintenant nos semences dans ces germes d'espérance et ensemençons le monde avec des comportements nouveaux capables d'inscrire la ligne de vie de nos sociétés dans la droite ligne des commandements de l'Unique Dieu, le Grand Bienfaiteur de l'humanité.

Je retiens de cette comparaison entre Moïse et Jésus la certitude que l'opposition entre un Dieu colérique et un Dieu d'amour, entre le Premier et le Second Testament n'a pas lieu d'être. Il existe, certes, des différences dans la manière de représenter symboliquement et linguistiquement les rapports entre Dieu et les hommes. Mais ces nuances de ton et de style n'affectent pas le contenu théologique de l'idée de Dieu. Persister à considérer le Premier Testament comme celui d'un Dieu dur, impitoyable, serait commettre une grossière erreur sans fondement objectif. Déjà, dans le Deutéronome, ce Dieu ne demande qu'à aimer et à être aimé. Il se comporte comme un Père et comme un Epoux. Le Second Testament a confirmé et souligné que Dieu agit toujours comme un Père, mais cette idée est déjà initiée dans la Tora. Plus les siècles avancent, plus Dieu se rapproche d'Israël et de l'humanité pour leur donner les moyens de vivre de manière filiale envers Lui et fraternelle envers toute personne, à l'image de Jésus, Son Fils et le Frère universel.

Toutes les Ecritures émanent donc du Peuple de Jésus, Peuple d'Israël — sauf, peut-être, l'Evangile selon Luc qui semble surtout écrit prioritairement à destination des personnes étrangères au Peuple d'Israël. Les Chrétiens ont parfois oublié de dire que toute cette histoire, d'Abraham à Jésus en passant par Moïse, est une histoire juive, une histoire fidèle au judaïsme et à l'Alliance avec Dieu qui, selon le Deutéronome, sera inscrite sur le cœur de tous les hommes et non plus seulement sur les Tables de pierre que Moïse a brisées en bas du Sinaï. Passer d'un cœur de pierre à un cœur de chair demeure l'appel fondamental adressé à tous, maintenant, par Jésus, le Vivant, qui réutilise consciemment les mots mêmes des prophètes d'Israël. Si le lecteur veut s'en persuader, qu'il relise en particulier les magnifiques chapitres 30 et 31 de Jérémie. Alors il commencera à découvrir avec émerveillement le sens de l'histoire humaine que Dieu est en train de construire, jour après jour, depuis des millénaires, pour le Bonheur de l'humanité — le grand titre de gloire du Dieu unique.

Mon frère Moussa

par Dalil Boubakeur,
Recteur de la Mosquée de Paris

« Al-Hamdu Lillahi Rabbi Al-'Âlamîna Arrahmani Arrahîmi »
(sourate *Al-Fatiha*, l'Ouverture, verset 1)
« Au nom de Dieu, le Tout-Miséricordieux,
le Très-Miséricordieux [1] »

« Mon frère Moussa » : c'est ainsi que Muhammad (SAWS [2]) parle parfois du Prophète d'Israël. Moïse est cité plus de 136 fois dans le Coran. Mais certains comme André Chouraqui n'hésitent pas à trouver près de 500 allusions coraniques au grand Prophète. A titre de comparaison, Abraham, le Père des trois monothéismes, n'est cité que 64 fois et Jésus 26 fois. Moïse est donc, sans conteste, le Prophète des trois religions monothéistes : judaïsme, christianisme, islam. Son message constitue un des appuis les plus solides de la Révé-

1. C'est la formule que prononce le Musulman au commencement de tout acte, se rappelant ainsi de son Créateur et de son Guide et Lui demandant Son aide pour bien l'accomplir.

2. SAWS, qui se prononce en arabe « *Salla Allahu Aleïhi Wa Sallam* », signifie : « Paix sur lui ! » Cette expression est une marque sacrée de respect qui doit suivre la mention écrite ou orale du nom du Prophète. L'usage permet, après une première évocation, de ne pas répéter ce syntagme systématiquement.

lation et l'envergure de son personnage confère à l'histoire sainte et à la théologie une dimension élargie à toute l'humanité.

Pour l'islam, il est un des pôles majeurs de la prophétie et s'inscrit, comme interlocuteur privilégié de Dieu, dans la lignée des Prophètes fondateurs. Reçu comme un législateur, Moïse est celui qui a donné au peuple d'Israël un statut, une identité et une religion. Son nom reste cependant sujet à certaines conjectures quant à son origine : d'aucuns pensent à une racine sémitique, beaucoup y voient un nom égyptien, car *Mosé* était un nom propre assez fréquent à l'époque de Ramsès. Mais Moïse est considéré par les Egyptiens comme un Hébreu, groupe ethnique plus large que celui des Israélites.

Dans les ouvrages de prophétologie islamique (*At Tabari*), l'existence de Moïse est apparentée à la tribu de Lévi par son père Amram et sa mère Yokébèd. Il avait une sœur, Miryam, et un frère, Aaron (Harûn), tous deux plus âgés que lui. Il est né en Egypte au XIVᵉ siècle avant J.-C. et est mort sur les bords du Jourdain, laissant à Josué le soin de s'implanter avec les siens en terre de Canaan.

Dans le Coran, la vie de Moïse fait l'objet d'un récit détaillé dans la sourate 28 (*Al Qasas*, le Récit), et son exemplarité prophétique est souvent invoquée : Moïse est celui qui a prêché par excellence la crainte et l'obéissance au Dieu unique. La version coranique concernant Moïse, sans être en opposition avec celle de l'Ancien Testament, en diffère cependant sur un point capital : Moïse reste l'homme d'un Peuple, l'homme d'Israël avec lequel son histoire se confond, l'islam cependant restitue son apostolat et son message à l'humanité tout entière. Missionnaire et messager d'un peuple, il est chargé dans le Coran, comme d'autres envoyés de Dieu, d'éclairer l'humanité et de la ramener à Dieu. Ainsi parle le Coran, Parole incréée de Dieu : « Dis, qui a fait descendre le Livre que Moïse a apporté comme lumière et guide pour les hommes ? Dis : c'est Allah ! » (s. 4, v. 91).

Dans l'islam, Moïse est donc perçu comme un guide vigilant et comme le sauveur du Peuple juif. Il a reçu une Ecriture au cours d'une expérience unique : le Décalogue (dont nous reparlerons plus bas) qui est un message de paix et d'amour universel pour toute l'humanité. La législation qu'il instaure abroge les anciennes croyances et traditions. Moïse s'inscrit cependant dans la lignée de Noé, Abraham, Jésus, Muhammad ; sa mission est universelle : proclamer l'unicité de Dieu et mettre en garde les hommes, en tout premier lieu le Peuple d'Israël, contre le châtiment de Dieu. Avec les autres Messagers et Envoyés, la continuité de la chaîne prophétique, reconnue dans le judaïsme, est également affirmée dans l'islam, chaque Envoyé confirmant la continuité de la révélation des Prophètes avant lui. « Le Messager a cru en ce qui lui a été révélé par son Seigneur, et les croyants ont tous cru en Dieu, en ses anges et en ses livres, en ses Messagers, en disant : « Nous ne faisons aucune distinction entre ses messagers et nous lui sommes soumis » » (s. 2, v. 285).

Une Parole invisible

Deux points essentiels dans la rencontre de Moïse avec Dieu ont fixé particulièrement l'attention des théologiens musulmans : la Parole de Dieu et le refus divin de se montrer. En effet, Dieu a véritablement parlé à Moïse, directement, à haute voix, pour lui communiquer une révélation et annoncer Sa décision : « Et Allah a parlé à Moïse de vive voix » (s. 4, v. 164). Mais :

« Lorsque Moïse vint vers son Seigneur qui lui parla, il dit : « O Mon Seigneur, montre-toi à moi pour que je te voie ! » Il [Dieu] dit : « Tu ne me verras pas, mais regarde le mont. » Lorsque le Seigneur se manifesta au mont, il le pulvérisa, et Moïse s'effondra foudroyé. Lorsqu'il se remit, il s'écria : « Gloire à Toi, je me repens, je suis le premier des croyants ! » » (s. 7, v. 143).

Ainsi, la demande de vision directe de Dieu reste insoutenable et cette connaissance inaccessible à l'homme et aux Prophètes parce qu'elle dépasse leur nature humaine et que l'irradiation de la seule gloire de Dieu anéantirait les montagnes et, à plus forte raison, les hommes.

La mystique musulmane (soufisme) a repris à son compte le problème de la « vision de Dieu » et le tient pour un point essentiel de son système. Grâce au *dhikr* (mention inlassable du nom de Dieu), au *wird* (litanies de prières) et, dans certaines confréries, à la musique ou aux rythmes (les derviches tourneurs), le mystique parvient dans un état de transe et d'union extatique avec Dieu (*tawhid*). En revanche les rationalistes de l'islam (mutazilites) la rejettent catégoriquement, même si certains, comme Huzayl (VIIe siècle), admettent la « vision du cœur ».

La geste coranique de Moïse

Dans ses grandes lignes, la vie de Moïse est relatée dans le Coran en reprenant, à travers les nombreux versets, une suite chronologique décrivant son existence jusqu'à la fin de sa vie. Mais certains passages, sur lesquels nous reviendrons en détail, sont inédits par rapport à la tradition biblique. L'essentiel des épisodes de son histoire se trouve dans les sourates 18, 20 et 28 :

« Nous t'avons raconté en toute vérité l'histoire de Moïse et de Pharaon, à l'intention de ceux qui croient » (s. 28, v. 3).

En ce qui concerne sa naissance, le Coran décrit « Moïse sauvé des eaux » en ces termes : « Nous t'avons favorisé une autre fois quand nous avons envoyé à ta mère une inspiration : « Mets-le dans un coffre et jette-le dans le flot de sorte que le flot le porte à la rive. Il sera accueilli par mon ennemi qui est aussi le sien » » (s. 20, v. 37).

Notons au passage que le coffre est appelé en arabe *al tabût*, ce qui signifie l'arche : il y a donc assimilation du berceau avec l'Arche d'Alliance qui contiendra plus tard les Tables de la Loi. Cette anticipation confère à la naissance et au sauvetage de Moïse un caractère sacré immédiat. Puis Allah envoie Miryam au-devant de la Princesse égyptienne qui avait recueilli le berceau : « C'est ainsi que nous te rendîmes à ta mère pour qu'elle se réjouisse à ta vue » (s. 20, v. 40). Puis la sourate *Al Qasas* (s. 28) raconte la rivalité entre Moïse et Pharaon : « Pharaon était hautain sur terre. Il répartit en clans ses habitants afin d'abuser de la faiblesse de l'un d'eux : il égorgeait leurs fils et épargnait leurs femmes. Vraiment, quel fauteur de désordre ! » (s. 28, v. 4). Mais la femme de Pharaon (et non sa sœur comme dans la Bible) intervient : « Cet enfant [recueilli] réjouira ma vue et la tienne. Ne le tue pas ! Il pourrait nous être utile en le prenant pour enfant » (s. 28, v. 9).

Puis le Coran rappelle certains événements : « Tu as tué un homme et nous te tirâmes d'affaire, et te soumîmes à des tentations » (s. 20, v. 40). La fuite au pays de Madiân est rappelée dans les sourates 20 et 28. C'est dans cette cité du littoral de la mer Rouge, non loin d'Eilat sur le chemin de l'Arabie, qu'il rencontre ce peuple décrit comme « des marchands fraudeurs, coupeurs de routes » que tente de ramener vers la religion d'Abraham le vénérable Choaïb ou Jéthro, le futur beau-père du Prophète. Moïse y reçoit l'ordre divin de retourner en Egypte pour délivrer son peuple du joug de Pharaon. L'épisode du Buisson ardent figure également dans le Coran, transposé dans « la Sainte Vallée de Tuwa » : « Alors il vit un feu et il dit à sa famille : « Restez ici, j'aperçois un feu ; peut-être en rapporterai-je un tison ou bien y trouverai-je une direction. » Quand il y fut arrivé, une voix appela : « Moïse ! Je suis ton Maître, ôte tes sandales car tu es dans le Val sacré de Tuwa » » (s. 28, v. 29-30).

D'anciens versets coraniques, de la période mecquoise (alors que la plupart des récits sur Moïse figurent dans la période médinoise), ne donnent que des renseignements assez vagues sur la mission de Moïse et d'Aaron (Harûn), ainsi que sur Pharaon lui-même, nommé « l'Homme des piliers », *Phir'aouna-dhi-l'outadi*, en raison peut-être des innombrables tentes de son armée, de ses Palais ou de la fameuse tour destinée à atteindre le ciel. En effet, le Coran rapporte l'ordre que Pharaon donna à l'orgueilleux Haman et selon lequel il devait construire cet édifice : « Allume le feu sur l'argile et fais-moi une tour pour que je monte jusqu'au Dieu de Moïse. Je pense plutôt qu'il est du nombre des menteurs ! » (s. 28, v. 38). C'est vers la fin de la période mecquoise du Coran (620-621), juste avant le début de l'Hégire (24 septembre 622), que l'on retrouve les versets traitant des demandes de libération du peuple hébreu, des refus de Pharaon, de la joute des bâtons transformés en serpents. « Nous avons fait subir aux gens de Pharaon, enfin dix plaies d'Egypte, des années de disette... Nous avons envoyé sur eux l'inondation et les sauterelles, la vermine et le sang » (s. 7, v. 130-133). Les gens de Pharaon s'émeuvent : « Laisserons-nous

Moïse et son peuple faire le mal sur la terre ? » Mais Moïse reçoit l'ordre de partir.

Puis vient l'épisode de la traversée de la mer Rouge qui est ainsi décrit : « Allah dit à Moïse : « Emmène de nuit mes serviteurs, vous serez poursuivis — laisse la mer telle qu'elle sera. C'est une troupe de noyés ! Ouvre-leur dans la mer un chemin sec et ne crains point d'être rejoint. » Lorsque Pharaon les poursuivit avec ses armées, la mer engloutit d'elles ce qu'elle a englouti. Quand les troupes de Pharaon furent proches de la noyade, Pharaon dit : « Je crois qu'il n'y a point d'autre Dieu que celui des Banû Israël ! Et je suis de ceux qui se soumettent ! » » (s. 10, v. 90).

Dans la tradition islamique, le châtiment des gens de Pharaon est commémoré par la fête du dix Muharram (premier mois musulman), l'*Achoura*.

L'exemple de Moïse reste vivant dans l'islam à la fois comme le Prophète conducteur de son peuple et comme le porteur d'une Loi révélée par Dieu qui donne la vie et le protège : vérité, amour du prochain et respect des parents. Cette fonction de législateur conducteur de peuples ou de communautés n'est pas sans rappeler l'action et la fonction du Prophète de l'islam lui-même.

Le don de la Loi

C'est dans le flanc du mont Horeb que Moïse recevra les Dix Commandements, dit le Coran, « en une Écriture sacrée tracée sur un parchemin déployé ». Les Tables ou Tablettes sont plus rarement citées à propos du Décalogue, mais plutôt du Coran lui-même (Table cachée).

Dans ces conditions, Dieu se révèle à Moïse non plus comme « le Dieu de ses pères », mais comme son Seigneur. Cette faveur exceptionnelle de la Parole de Dieu reçue sans intermédiaire, alors que Muhammad la perçoit par l'entremise de l'ange Gabriel, fait de Moïse dans l'islam le *Kalim Allah*, l'interlocuteur direct de Dieu, rarissime privilège. Mais il ne faut pas donner crédit à certaines traditions musulmanes exagérant cet échange de paroles à quarante mille mots que Dieu a prononcés en quarante jours. Le retard que prit Moïse sur la montagne donne également lieu dans le Coran à la relation des controverses nées parmi les Hébreux et de leur lassitude d'attendre : ils érigent le Veau d'or et d'autres idoles malgré les exhortations d'Aaron.

On peut remarquer que le Veau d'or n'apparaît point comme un culte étrange de Yahvé alors que d'anciens cultes araméens ont adoré des veaux, des statuettes d'animaux en or qui ont du reste été retrouvées en Arabie du Sud. Dans le Coran, cette adoration est une suggestion satanique. A son retour, Moïse exprime sa colère, jette les Tables de la Loi et menace son peuple du châtiment divin. Le Coran dit : « Moïse conseille aux gens du Veau d'or de se donner la mort. Mais ils se repentent et reviennent à Dieu. Et quand la colère fut passée, Moïse prit les Tables, car en cette Ecriture il y a une Direction et une Miséricorde pour ceux qui craignent Dieu. »

Le séjour des Hébreux dans le désert et leurs difficultés sont rapportées dans le Coran. Les Hébreux font des reproches amers à Moïse. Le Coran fait ce rappel : « Et alors vous avez dit [à Moïse] : « Nous ne supportons pas de n'avoir qu'un seul aliment. Invoque-nous ton Maître, qu'Il nous fasse sortir de ce que produit la terre en légumes : des courges, de l'ail, des lentilles et des oignons » » (s. 2, v. 61).

Ainsi, lassé des cailles et de la manne, le peuple hébreu veut retourner en Egypte. Dieu, irrité, lui impose quarante années de séjour dans le désert. C'est également à la fin de la Révélation mecquoise (sourate 10) que l'on peut remarquer que la Loi du Sinaï apparaît dans le Coran sous forme de Table, mais plus souvent sous forme de feuillets ou parchemins comme pour Abraham. Quant à l'Exode conduit par Moïse, il fut marqué par divers événements comme la victoire de Galaad en Judée, mais surtout l'institution d'un grand prêtre et d'un corps sacerdotal recruté dans la tribu de Lévi. Mais Dieu ne permit pas à Moïse de gagner la Terre promise mais seulement de la contempler depuis le mont Nebo. Il y mourut à l'âge de cent vingt ans.

L'initiation par le Khidr

Une dernière évocation de Moïse dans le Coran est mentionnée dans la sourate 17 : l'ascension du Prophète et son voyage nocturne. Durant cette ascension, le Prophète de l'islam rencontre Moïse. Et c'est sur le conseil de Moïse que le Prophète de l'islam se voit fixer par Dieu au nombre de cinq les prières obligatoires qu'il transmettra aux croyants lors de son retour à La Mecque.

Signalons enfin un récit coranique (sourate 18, *Al'-Kahf*, La Caverne), non biblique, qui est la narration de la rencontre de Moïse avec un mystérieux personnage plein de sagesse appelé *Al Khidr* (littéralement le Vert). Ce serviteur de Dieu, Wali, fut rencontré par Moïse dans le désert. Dans ce récit légendaire, un peu ésotérique, faisant d'*Al Khidr* un initiateur, les commentateurs musulmans voient une leçon de sagesse et de réflexion pour tous, une quête de la source de vie aux confins des mers.

En effet, il est dit que Moïse, accompagné de son

valet, rencontra un mystérieux personnage « instruit par Dieu de quelque chose de sa science » (s. 18, v. 65). Moïse lui demanda de l'accompagner afin qu'il « l'enseigne de ce qu'il sait comme direction de vie ». Le personnage va éprouver la patience de Moïse en commettant des actes apparemment absurdes. Devant l'agacement et l'incompréhension de celui-ci, le personnage explique ces faits déroutants dont l'objet est d'élever la pensée du Prophète au-delà du contingent afin de recevoir l'infini, l'inconnaissable.

On retrouve une telle légende soit dans le Talmud (qui met en scène le Prophète Elie et Josué), soit dans les traditions syriaques (Elie et Moïse) et surtout dans un récit où Alexandre le Grand rencontre un sage vieillard en Inde qui l'initie à la source de vie. L'importance d'*Al Khidr* est fondamentale dans le chiisme (la branche iranienne de l'islam) : « *Al Khidr* est supérieur aux Prophètes législateurs. Son rôle dans le soufisme est extraordinaire. [...] En la personne d'*Al Khidr* se manifeste par excellence le *guide* personnel, et il est profondément significatif que tout un groupe chiite l'ait identifié avec l'Imâm caché, le XIIe Imâm » (Henry Corbin, *Songe visionnaire*, p. 388).

Loin de ces histoires légendaires, les commentateurs musulmans ont voulu voir dans ce récit fort symbolique l'initiation de Moïse dans l'ordre de la sagesse divine et de ses mystères. Une telle forme de connaissance a pris une grande place dans l'ésotérisme musulman et son eschatologie, où *Al Khidr* devient un Prophète invisible né dans la nuit des temps et qui réapparaîtra à la Résurrection. Il se manifeste exceptionnellement à des sages qu'il va initier au cours des siècles : semblable à Elie, c'est lui l'initiateur de tous les Prophètes.

Transcendance et prophétie : le lotus de la limite

Pour l'islam, Moïse est le Prophète à qui Dieu a parlé et qu'Il a guidé à travers les vicissitudes de son histoire et celles de son peuple. Enfant trouvé, sauvé des flots par une jeune fille pure, il ne pouvait être que pur et juste, seul capable de recevoir la Loi de Dieu et surtout d'entendre sa Parole. Néanmoins, sa nature humaine ne lui permit pas de Le voir car Il reste l'infini transcendant, l'inconnaissable directement.

Cette transcendance de Dieu est partout présente dans le Coran qui limite la nature humaine à ses facultés et la raison à ses dimensions finies, laissant l'approche des mystères et des connaissances de l'au-delà du « lotus de la limite » à la seule Révélation décidée par Dieu pour nous éclairer de ce qu'il veut nous enseigner par ses Prophètes et ses Envoyés. Dans la mystique musulmane, Moïse caractérise le Prophète élu de Dieu préalablement parvenu au stade de l'Homme parfait ou de l'Homme premier, insurpassable parmi les créatures et qui a réuni en lui toutes les aptitudes morales et spirituelles pour être le réceptacle du divin.

C'est Ibn Arabî (1165-1241), la plus célèbre figure du soufisme, qui explicite ainsi sa conception de l'homme parvenu à cette perfection (*Insan-al-kamil*) : l'Homme parfait. Dans son livre *Gemmes de sagesse*, il écrit : « Il est établi pour nous que l'homme est composé de deux copies, l'une interne qui est équivalente à la Présence divine, et l'autre externe, équivalente au monde extérieur. Ainsi l'homme est universel, et il est le réceptacle de tout le créé : mortel et éternel. Il est capable de parvenir à ces hauts degrés de l'Homme parfait ou Homme premier. »

L'ascension de la montagne sacrée

La théophanie (manifestation du Divin sous une forme sensible) du mont Sinaï est minutieusement décrite dans de nombreux versets du texte sacré. Le mont Sinaï (*Tur Sinîna*) est même le titre de la sourate 52, en raison du premier verset qui est un serment prenant à témoin le Sinaï : « Par le mont et le Livre tracé sur un parchemin déployé » (v. 1-3).

Mais qui est ce Dieu ? Quel est son Nom ineffable et sacré qui va se révéler, après la théophanie du Buisson ardent de Tuwa, lors de la théophanie du Sinaï ?

Gravissant le Sinaï, Moïse indique qu'il monta au ciel et vit la *Sakina*, c'est-à-dire, en arabe, la pure présence de Dieu parmi les hommes. Cette ascension de la montagne afin d'y rencontrer Dieu a tout d'une symbolique physique et spirituelle seule capable de rendre possible un tel événement. Cette recherche d'élévation vers les sommets du silence a paru essentielle tout au long de l'histoire des hommes pour approcher le Divin, et la conception du Dieu suprême a conduit l'humanité à le rechercher dans le ciel et — *a minima* — sur les cimes des montagnes : l'Olympe, séjour de Zeus, les montagnes d'Afrique, d'Europe ou d'Asie sont peuplées de divinités mythologiques comme Wotan. De même, les Pharaons élevèrent des pyramides et des ziggourats sur les rives désespérément plates du Nil, et dans le Coran l'élévation des montagnes est l'œuvre et en même temps un témoignage de la puissance de Dieu. Leur aplatissement, leur ébranlement, enfin leur dispersion « comme des flocons de laine cardée » annoncera la fin des temps (sourate 101).

Mais la soumission à l'Unique est depuis Abraham, père des Musulmans à travers son fils Ismaël, le critère d'élévation de l'homme alors qu'il régressait par son ignorance devant les idoles de la mythologie. Avec Moïse cette ascension ne se fait pas à grand renfort d'architectes, de peuples et de Nations mais en solitaire, seul avec Dieu — seul, mais riche de la conscience de l'extraordinaire événement qu'il allait vivre, réservé seulement à quelques élus choisis par Dieu, comme annonciateurs et messagers. Avec Elie, Moïse, Jésus, Muhammad, l'accueil du message divin fait de chaque étape de ce message et de chaque « communication » de ce message un moment décisif de profonde mutation du monde et de son histoire.

Mais le Dieu unique de Moïse, d'Abraham et des Patriarches n'est pas inaccessible ou cosmique. Le Dieu de Moïse, « Dieu de ses Pères », Dieu de l'Univers pour l'islam, va susciter la foi unificatrice de son peuple et enseigner la manière de se conduire avec son prochain. « Tu feras », « tu ne feras point » : le principe du bien et du mal n'a plus seulement valeur d'un antagonisme utilitaire mais d'une règle morale « pour Dieu ». Dieu, protecteur de la personne, devient, dans les prescriptions (Décalogue) transmises à Moïse sur la montagne, le juge suprême d'une Loi et d'une Foi qui ont pour fondements une morale purifiée. Cette morale a pour déontologie les droits et devoirs de la personne vis-à-vis d'elle-même, vis-à-vis d'autrui et vis-à-vis de Dieu.

De même Jésus s'adresse aux Pharisiens en rappelant que c'est la juste intelligence de la Loi qui devrait les conduire à lui : « Si vous aviez cru en Moïse, vous croiriez en moi car c'est à mon sujet qu'il a écrit. » Par ce rappel Jésus surprend les hommes en défaut de fidélité aux Ecritures, tout comme la Révélation coranique surprendra les polythéistes en flagrant délit d'infidélité (*Kufr* en arabe) par rapport au message des Envoyés antérieurs à l'islam. Jésus, comme Moïse, a donc toute sa place dans le credo du musulman. De plus, lors de la Transfiguration, selon les synoptiques, Moïse et Elie apparaissent aux côtés de Jésus.

Un Dieu unique et moral

Cet Orient sémitique a donc transmis à toute l'humanité, et avec une constance impressionnante, l'annonce inouïe du Dieu unique. Renan écrit : « Le monothéisme dans le monde a été l'œuvre de l'apostolat sémitique en ce sens qu'avant l'action et en dehors de l'action du Judaïsme, du Christianisme et de l'islamisme, le culte du Dieu unique et suprême n'arriva point à se formuler nettement pour la foule. Or ces trois grands mouvements religieux sont trois faits sémitiques, trois rameaux du même tronc, trois traductions [...] de la même idée. Il n'y a que quelques lieues de Jérusalem au Sinaï et du Sinaï à La Mecque » (Ernest Renan, *Histoire du Peuple d'Israël*, p. 77).

Avec la Révélation morale et féconde du Dieu unique, les Sémites fondent des religions à l'idéal élevé, infiniment plus désintéressé que les idolâtries et mythologies des civilisations matérialistes. Le recueil de la Parole divine par les Prophètes sémites a bouleversé le monde. La théophanie abrahamique illumine la Mésopotamie, celle de Moïse au mont Sinaï amène les hommes à penser l'histoire du monde avec Dieu.

La Révélation de Muhammad

La première Révélation du Prophète de l'islam a lieu dans la grotte du mont Hîra près de La Mecque en 610. C'est au cours de la 26e nuit du mois de Ramadan, Nuit grandiose bénie plus que mille mois, dite Nuit de la Destinée, que Muhammad reçoit la Révélation sous la forme d'une injonction intimée par un être surnaturel qui ordonne :

> « Lis de par le Nom de ton Seigneur qui a créé
> Qui a créé l'homme d'un jointif
> Lis ! Et ton Seigneur très généreux
> Est celui qui a instruit l'homme avec la plume
> Il a instruit l'homme de ce qu'il ignorait... »
>
> (s. 96).

Dans ses chroniques, Al Tabari, le plus illustre des historiens arabes, relate la suite de cet événement : Khadîdja, la femme de Muhammad, reçoit le Prophète grelottant et répétant plusieurs fois le verset révélé : « Lis de par le Nom de ton Seigneur... » Elle questionne son époux avec douceur, le réconforte et, après l'avoir couvert d'un manteau, va elle-même consulter Waraqa. Celui-ci, âgé, aveugle, est un Chrétien sincère, qui connaît les anciennes Ecritures. Sous la qualification de « chrétien », il s'agit plutôt d'un adepte de l'Eglise primitive qui a adopté le nestorianisme arabe et peut être considéré comme *Hanîf*, c'est-à-dire un adepte de la religion originelle monothéiste, dans l'exemplarité d'Abraham. C'est Waraqa qui, ému et exalté par le récit que lui fait Khadîdja de la vision de Muhammad, proclame à Khadîdja :

« Gabriel est le Nâmus suprême, l'ange intermédiaire entre Dieu et les Prophètes, qui leur apporte les messages de Dieu. C'est lui qui est venu trouver Moïse, ainsi que Jésus ; et, si ce que tu racontes est vrai, Muhammad (SAWS) ton mari est le Prophète qui doit être suscité à La Mecque, au milieu des Arabes et dont il est fait mention dans les Ecritures » (Chronique, II 393-394).

Waraqa disant cela indique le sens profond du message reçu et de la mission du Messager : recevant le *Nomos*, la Loi (*Nâmus* en Arabe), il est dans la même situation que Moïse recevant la Loi sur le mont Sinaï. Waraqa, lui-même, attendait cet ordre pour le Messager annoncé dans les Ecritures. Moïse ne dit-il pas (Deutéronome 18, 15) : « Le Seigneur ton Dieu suscitera d'au milieu de toi, d'entre tes frères [fils d'Ismaïl] un Prophète comme moi [Moïse] » ?

Par ailleurs dans l'Evangile de Jean (14, 26), Jésus lui-même n'annonce-t-il pas le Paraclet (l'avènement du Saint-Esprit) en ces termes : « Mais le Paraclet, l'Esprit-Saint que le Père enverra en mon nom vous enseignera tout et vous rappellera tout ce que je vous ai dit » ?

« Lumière sur Lumière »

La théophanie en islam établit que la Révélation de Dieu à l'homme se manifeste par différents modes. Il y a la Révélation extérieure (*wahy Dhahir*) par l'intermédiaire de l'archange Gabriel, la Révélation intérieure (*wahy bâtin*) par infusion et communication intérieure directe dans l'homme (cas d'Elie, de Muhammad, des soufis), et enfin la Révélation par songe (*ru'ya*) durant le sommeil du Prophète.

Ces révélations sur la montagne, ces théophanies du Sinaï, du mont Horeb, du mont Thabor ou du djebel Hîra sont concordantes en ce sens qu'elles manifestent la lumière divine dans l'obscurité de la condition humaine et la miséricorde compatissante du Créateur à l'égard des désarrois et des souffrances de ses créatures en tribulations dans ce monde. Cette perception intérieure, cette vision intérieure, exprime à merveille les limites de nos sens dès qu'il s'agit de la transcendance.

La théophanie d'Elie sur l'Horeb est exprimée en des termes sibyllins que des ouvrages entiers ne parviendront pas à rendre tout à fait clairs.

Les manifestations du divin entraînent ainsi pour l'humanité des phénomènes perceptifs déboussolant littéralement le sens commun. Les élus qui les vivent et les expérimentent sont plongés dans un inconnu à la fois spirituel et sensoriel. Cela est particulièrement vrai du voyage nocturne et de l'ascension du Prophète de l'islam qui fait objet de la Révélation coranique de l'Isra Wal Mi'râj.

A ce propos Virgil Gheorghiu écrit : « En ces heures de solitude [de Muhammad — SAWS], de crainte et de terrible angoisse, Dieu fait à son serviteur un don exceptionnel : Dieu invite Muhammad au ciel. » Ce voyage grandiose et glorieux où le Prophète de l'islam visite les Prophètes et notamment Adam, Jésus, Jean fils de Zacharie, Elie, Aaron, Moïse, est une ascension non plus d'une montagne mais, une nouvelle fois, dans une dimension où ne comptent ni l'espace ni le temps. Selon le témoignage d'Umm Hâni, retenu par les traditionnistes, ce voyage fut rapide comme l'éclair : au retour du Prophète (SAWS), son lit était encore chaud et un pot d'eau qu'il avait renversé précipitamment à son départ n'eut pas le temps de choir et se vider. Pour les grands commentateurs comme Tabari ou Razi, ce fut un voyage de nature mystique, dans les dispositions analogues à celles qui envahirent Abraham, Elie, Moïse et les élus de Dieu lorsqu'Il s'adressa à eux, plongeant leur conscience dans un trouble que le merveilleux mot arabe d'*Al Haïra*, l'état second fait de perplexité, de doute sur ses propres sens et de distorsion dans la perception habituelle du temps et de l'espace, rend admirablement. Il s'agit donc d'une illumination, d'une transfiguration ; et l'élu de Dieu qui en bénéficie doit être parvenu, comme l'affirme Ibn Arabî, à l'état exceptionnel d'Homme primordial, c'est-à-dire de Prophète.

Alors la symbolique du Sinaï, et plus généralement de la montagne sacrée, réside dans le fait que seul le Prophète, Moïse, était appelé à gravir ce chemin vers la connaissance directe de Dieu alors que le Peuple, la multitude, restait en bas attendant le Messager, et que nul n'était admis à voir la face divine. Le Prophète est sur la hauteur, Peuples et Nations attendent en bas.

Naturellement la mystique s'inspirera abondamment de ce cheminement difficultueux vers les sommets de proximité divine. L'ascèse réplique, si l'on peut dire, dans un cheminement initiatique spirituel, la même ascension que les Prophètes, dans leurs montagnes, se nourrissant de l'espérance de la faveur divine, du ravissement final et de cette rencontre unitive. En définitive, la symbolique du Sinaï réside dans cette attente de la voie du salut que le Messager va lui transmettre. Mais quel est ce Message ?

Le Mithâq : un pacte préexistentiel

Le Coran enseigne : « Rappelez-vous quand nous avons pris votre engagement [*Mithâq*] et élevé au-dessus de vous le mont Sinaï » (s. 2, v. 63), et encore : « Nous élevâmes au-dessus d'eux le mont Sinaï afin d'obtenir leur engagement [*Mithâq*] » (s. 4, v. 154).

Quelle est la nature du *Mithâq*, de l'engagement rappelé au mont Sinaï dont chaque fils d'Adam est pris comme témoin envers Dieu ? Toute la prophétie est un rappel, et nombre de versets coraniques indiquent que le Messager est un éveilleur et que la Révélation interpelle l'homme oublieux de son engagement envers Dieu. Voilà un des problèmes les plus controversés de la théologie musulmane. L'islam enseigne, en vertu de ce verset et d'après de nombreux *hadiths* (les propos attribués au Prophète et recueillis par un témoin auditif) dont on trouvera la majeure partie dans le commentaire de Tabari (IX, 111-118) et de Kath (II, 261-264), qu'après la chute d'Adam Dieu fit comparaître, avant leur naissance, la totalité des descendants de celui-ci et prit leur engagement (*Mîthaq*) — qu'on traduit à tort par Alliance — de ne reconnaître que Lui comme Dieu et de n'adorer que Lui. Cet engagement solennel, pris à Nu'mân près du mont 'Arafa, devait jouer pleinement contre eux, s'ils sombraient dans le polythéisme et l'idolâtrie. En la même circonstance, fut fixé le destin de chaque homme, quant à son comportement sur terre et à sa fin : il était ainsi prédestiné au Paradis ou à l'Enfer au libre choix de Dieu. On devine la réaction des rationalistes, fondée sur la notion de justice, de mérite, de responsabilité et de libre arbitre.

Selon certains commentateurs, il ne faudrait y voir qu'une de ces anagogies symboliques propres à la langue arabe et d'un usage très fréquent dans la langue courante aussi bien que dans le Coran. En fait, il s'agit bien d'un « pacte préexistentiel » auquel le soufisme donnera une grande ampleur. Pacte qui sert de fondement à la responsabilité de l'homme envers Dieu et justifie la sanction de ses actes.

Enfin à travers ces théophanies et ces hiérophanies, c'est l'éveil et le réveil de l'humanité à l'appel du Divin, c'est l'aurore de cette humanité une et multiple qui se prépare à la gloire du « vrai soleil » de Dieu — « Lumière sur Lumière » qui luira pour tous au jour de la Résurrection, conformément à *toutes* nos Ecritures.

Déserts, montagnes, solitudes — la voie de Sainteté doit éviter un double écueil, un double péril selon la belle formule de Jacques Maritain, « le Péril de ne chercher la Sainteté qu'au Désert et le péril d'oublier la nécessité du Désert pour la Sainteté ».

Religions et valeurs

La religion est née d'une tendance instinctive au rassemblement qui a édifié le sacré comme signe d'Alliance et de reconnaissance fondatrices d'une identité mais aussi comme règles d'appartenance à une Loi, à une autorité transcendante. Les religions révélées ont apporté un sens au mystère de la vie et ont ouvert cette voie de la transcendance à trois niveaux : d'abord dans le rapport de l'homme au Dieu un, ensuite dans le rapport de l'homme à lui-même qui est porteur, pour les mystiques, d'une étincelle de Divin, enfin dans la relation de l'homme avec autrui, ce que Lévinas explique magnifiquement en précisant que c'est la rupture de ce lien de transcendance entre les hommes qui est cause du chaos, comme on l'a vu, si dramatiquement, dans la Shoah.

C'est dans ce dernier point que nous situons l'apport incomparable de la religion vraie comme contribution au développement des valeurs citoyennes de cohésion dans la cité, devenue aujourd'hui le pôle essentiel de rassemblement et de vie des hommes partout dans le monde.

Toute religion, et l'islam, la plus jeune des Révélations, se conforme à cet instinct grégaire faisant des lieux de culte, temples ou sanctuaires des lieux d'évidence centrale du sacré et de reconnaissance interactive des citoyens. Dès lors, le message religieux n'est plus une philosophie purement réflexive mais un appel direct et véhément au cœur de l'homme non seulement pour développer sa foi en Dieu mais aussi son obéissance et son respect des valeurs du groupe, de la cité, de la Nation. Il faut revaloriser cette notion de sacré qui passe également par la reconnaissance d'autrui et l'institutionnalisation de règles pour la société.

La première communauté musulmane organisée fut la cité de Médine fondée en 622 par le Prophète de l'islam dont l'acte premier est la promulgation de la Constitution de Médine en 624. Celle-ci établit une citoyenneté garantissant la foi de chacun, son statut personnel et une concitoyenneté fondée sur des droits et des devoirs *écrits*. Tous les commentateurs de l'islam reconnaissent que le Prophète, qui aurait pu instaurer un Etat théocratique avec pour capitale La Mecque (qu'il avait reconquise en 630), choisit plutôt Médine comme centre décisionnel multicommunautaire pour tous les citoyens, quelle que soit leur religion. Ce même modèle d'organisation d'un Etat ouvert à tous les peuples au fur et à mesure de l'expansion de l'islam fut transposé à Damas, à Bagdad et fit la fortune des Musulmans d'Espagne, où ceux-ci furent pourtant très minoritaires.

Les valeurs de la cohésion sociale et de la responsabilité citoyenne sont inlassablement enseignées et exaltées dans la religion. La pédagogie religieuse apparaît même comme une des grandes sources de la morale judéo-chrétienne ou musulmane, dans le sens où les prescriptions religieuses sont bien souvent à l'origine de la loi commune et du droit public.

« Tu ne tueras point », « Tu aimeras ton prochain comme toi-même » et les autres prescriptions du Décalogue sont parmi les commandements religieux communs aux trois monothéismes, auxquels il faut ajouter pour l'islam les prescriptions morales spécifiques codifiées par le *Fiqh*. Celles-ci prônent la justice, la charité, la solidarité, la tolérance, le respect de l'autre, le respect des croyances et de la pluralité des êtres créés. Nous retrouvons dans ce contexte le message fondamental de l'humanisme dont il convient de rappeler la maxime : « Rien de ce qui est humain ne m'est étranger. »

Foi et démocratie

La foi elle-même a sa place dans le concept de la démocratie, en tant que certitude morale et comme repère dans la vérité. La démocratie privilégie certaines valeurs comme l'égalité, la justice, la liberté et la tolérance au rang de vertus sinon de dogmes républicains. Le citoyen est donc éduqué dans l'adhésion à ces valeurs et la *foi* en ces vertus. Il apparaît ainsi que la discipline des peuples se forge dans l'apprentissage minutieux des règles morales de la foi pour mieux obéir à la loi. L'adage dit bien qu'« on ne peut pas vivre sans foi ni loi ».

On peut d'ailleurs citer Kant pour qui « la religion considérée subjectivement est la connaissance de tous nos devoirs comme commandements divins ».

Quelles sont les valeurs spécifiques de l'islam ? Tout d'abord, il convient de mentionner les « cinq piliers (*arkân*) de l'islam » qui désignent les premiers devoirs du bon musulman : la *chahada* ou profession de foi qui est la récitation de la formule rituelle : « Il n'y a de Dieu qu'Allah et Muhammad est le Prophète d'Allah », la prière (*salât*) qui est le véritable « axe de la religion » et qui donne lieu à cinq prières quotidiennes, l'aumône légale (*zakat*), le jeûne du Ramadan (*siyam*) et enfin le pèlerinage à La Mecque qui doit se dérouler au moins une fois dans la vie du croyant (*hajj*). On constate que l'aumône, geste de bonté et de bienveillance, fait partie des prescriptions du croyant envers Dieu — écoutons ce qu'en dit le Prophète dans le très bel *hadith* d'Al'Boukari : « Le fait de sourire à ton frère est une aumône. Le fait de recommander le bien et d'interdire le mal est une aumône. Le fait de renseigner un homme qui s'est perdu est une aumône. Le fait d'enlever de la voie publique les saletés, les épines et les os est pour toi une aumône. Le fait de verser de l'eau de ton récipient dans celui de ton frère est pour toi une aumône. Le fait d'aider un homme malvoyant est pour toi une aumône. »

Quant aux vertus qui fondent l'éthique musulmane et qui découlent naturellement de l'observance des « cinq piliers », nous pouvons en énumérer quelques-unes : tout d'abord le commandement et la pratique du bien, *ihsan*, qui doit nous faire respecter la vie et nous éloigner du mal. Puis la tolérance, le respect d'autrui, l'acceptation de la diversité des hommes et des croyances, ce qui doit nous amener à vivre ensemble dans la communauté de juste milieu. Le pardon et l'amour du prochain, la justice, la solidarité, l'union, l'égalité devant Dieu. Recommandation de la science et considération des savants, la lutte contre l'ignorance et le fanatisme ; car le Prophète affirme : « La religion ne doit pas être un fardeau au-dessus des moyens humains » (s. 2, v. 286).

Le respect des parents, de la femme (croyante, mère, épouse) évoque bien sûr le cinquième commandement, complété par la charité envers l'orphelin et le nécessiteux (voir l'aumône légale). Enfin on peut citer toutes sortes de qualités qui, réunies chez le même homme, lui forgent un caractère noble, bon et moral : la pudeur, la patience dans l'épreuve, la fidélité, la sincérité, la politesse, la magnanimité.

La citoyenneté apparaît également comme un point important pour l'islam : l'obéissance à l'Etat constitue un devoir pour l'Etat. « *Man ishtaddat wat'atuhu waja-*

bat ta'atahu » : l'obéissance s'impose envers celui qui détient l'autorité sur un territoire. Par ailleurs le Coran condamne la sédition, la rébellion à l'autorité, à la loi (*al Baghiy*). L'islam considère que l'autorité, qu'elle soit bonne ou mauvaise, est une nécessité communautaire.

L'islam moderne incite enfin au civisme : il reconnaît donc aux Musulmans le droit légitime d'être citoyens d'un Etat non musulman pourvu que la liberté de religion et de propriété soit respectée. En temps de paix cette obéissance citoyenne va de soi. En temps de guerre, même avec un pays musulman, le devoir de loyauté s'impose envers l'Etat dont on est citoyen.

Crise de la citoyenneté

La crise de la citoyenneté est particulièrement nette chez les nouveaux jeunes citoyens musulmans de France. « Ni d'ici ni d'ailleurs » semble résumer leur situation inconfortable d'acteurs sociaux de nulle part pour cause d'étrangeté irréductible. Nés en France et à ce titre français par le droit du sol, le sentiment d'un rejet géographique dans les cités, d'une non-acceptation psychologique et même religieuse accroît leur discrimination citoyenne et sociale. Cependant leur intégration à une francité de langue et de culture les éloigne de façon quasi irréversible de toute idée de retour à la terre ancestrale : pour l'immense majorité d'entre eux, l'avenir est de vivre en France et d'y être français à part entière.

Le fait particulier des jeunes issus de l'immigration maghrébine en France survient largement dans une crise beaucoup plus vaste de la citoyenneté dans la société française elle-même et, à ce titre, on peut noter que tous les jeunes additionnent en quelque sorte leurs problèmes sans distinction d'origine raciale ou religieuse et les amalgament dans une attitude de conflit de générations et de clivage social. Les partis extrémistes provoquent parfois des manifestations solidaires d'hostilité à des positions sociales et politiques de tolérance et d'ouverture qu'ils jugent totalement inacceptables. Leurs appels à un nationalisme d'exclusion apparaissent pourtant absolument contraires à ce formidable élan de solidarité humaniste et de générosité qui semble annoncer une mutation de la notion (ou plutôt qualité) de citoyenneté et des valeurs du civisme — qui est une conscience d'appartenance et d'adhésion. Dans le cas de l'islam, la Nation est un élément à part entière de la foi.

Alors quelle est la place de l'islam dans notre système démocratique et laïc et, plus précisément, quelle contribution peut apporter la religion musulmane à notre société ? Autrement dit, la religion participe-t-elle généralement à la formation du citoyen ? Et qu'en serait-il de l'islam en France ? L'islam prône une communauté de juste milieu, de tolérance et de solidarité qui sont des valeurs autant sociales qu'humanistes. Sur le plan moral, l'enseignement de l'islam appelle à la pratique du bien individuel, de l'utilité publique (*maslaha-al'amma*) et au respect des droits de chacun. Cette attitude positive fait de l'islam une religion de la paix, et non, comme certains s'en persuadent (trop) facilement, une idéologie de la guerre.

L'islam en faveur de la paix.

A l'âge d'Internet et de la mondialisation, la religion musulmane peut jouer un rôle dans les processus régionaux et nationaux en faveur de la paix. La paix est une des plus hautes qualités humaines que recommande l'islam. Dans un monde où aujourd'hui encore plus de quatre-vingts conflits ouverts ou latents ont un fondement religieux et où parfois l'islam est impliqué, il n'est pas indifférent de rappeler les fondements théologiques de la paix ou de la guerre dans cette religion.

Rappelons tout d'abord qu'il y a des limites au religieux : en effet il ne faut pas que la politique se défausse sur les religions pour éviter les conflits, et qu'on attende d'elles le rôle de boutefeux pour attiser les haines ou de pompiers quand souvent il est trop tard.

Le mot *islam* a lui-même pour étymologie *salam*, la paix. La Paix, *Es Salâmû*, est un Nom de Dieu et un Don de Dieu : *salam* signifie protection, quiétude, sécurité du proche, du voisin, de l'hôte, du voyageur, de l'inconnu que l'on salue par la formule : *Essalamu'aleikum*, c'est-à-dire que la paix soit sur vous ! La paix, attribut de Dieu, est ainsi définie dans le Coran : « Il est Dieu, point d'autre Dieu que Lui, Il est le Roi, le Saint, la Paix ! » (Rassemblement, v. 23). L'incitation à la paix est partout présente dans le Coran : « O croyants, entrez tous dans la Paix ! » (s. 2, v. 28), « S'ils inclinent vers la Paix, incline toi-même vers la Paix et place ta confiance en Dieu ! » (s. 3, v. 61). Le Prophète de l'islam édicta : « Est dans la Foi celui qui s'applique la Justice, qui répand la Paix et fait la charité du peu qu'il a. »

Dans le Coran le mot paix et ses dérivés sont mentionnés cent trente-six fois alors que le mot guerre, *harb*, l'est six fois seulement. Dans cette conception proprement islamique de la paix, celle-ci contient même théologiquement la signification du salut. Elle est une exigence de la croyance et a dans cette mesure essentiellement rapport à la justice, à la foi, à la tolérance. Par ailleurs, le Coran conseille la non-violence : « Dieu vous incite à être justes et bons envers ceux qui ne vous ont pas combattus pour votre foi ni chassés de vos foyers »

(s. 60, v. 8). Le juste vit donc sa droiture dans le rejet de la violence. En cela l'amour, la charité, la solidarité revêtent dans la vie du croyant la fonction d'une contre-puissance face à la violence et à l'intolérance. Théologiquement, la paix sert de fondement éthique des droits et devoirs de la personne dans sa relation à lui-même, à autrui et à Dieu.

En cas de conflit le Coran enseigne : « Si Dieu ne repoussait pas certains hommes par d'autres, les ermitages seraient détruits ainsi que les synagogues et les mosquées où le nom de Dieu est fréquemment invoqué » (s. 22, v. 40).

Islam et dialogue

Vis-à-vis des gens du Livre (des deux autres religions monothéistes), le Coran stipule : « Invite sur la voie de ton Seigneur par la sagesse et la bonne parole et ne discute avec eux que de la manière la plus courtoise » (s. 60, v. 8). L'islam prône donc une culture interreligieuse de paix par l'invitation au dialogue courtois. Ce que pratiqua le Prophète : « Jamais, s'écria Virgil Gheorghiu, homme ne fut plus tolérant que le Prophète de l'islam ! »

Le dialogue est la clé de la tolérance et l'acceptation de la différence. Dans ce sens l'islam contribue à la culture internationale de la paix, et à la résolution régionale des conflits. Les religieux ont toujours cherché à ramener à la raison et à la paix des mouvements violents ou terroristes en décrétant que la violence, même sous couvert de la religion, est à l'opposé de l'enseignement de la religion. D'ailleurs, grâce à cette conception de la religion, il n'y eut *jamais* de guerre liée à la foi entre Juifs et Musulmans, car ils confessent les uns et les autres le même Dieu dans un même concept d'infinie transcendance et se reconnaissent en Abraham, en Moussa, en Jacob. L'islam reconnaît également, comme on l'a vu, la Prophétie du Juif Issa ou Jésus.

Il faut préciser, pour ceux qui l'ignorent encore, que le dialogue judéo-musulman existe depuis l'avènement de l'islam et que la convivialité des deux communautés religieuses fut exemplaire en Orient et surtout en Andalousie jusqu'en 1492. Par ailleurs, l'Inquisition du Moyen Age fut aussi terrible pour les Juifs que pour les Musulmans. Et c'est le savant juif Maïmonide qui fut le médecin de Saladin lors de sa victoire sur les croisés de Jérusalem en 1170 à Hattin. C'est encore la religion qui a permis la coexistence des Juifs et des Musulmans dans toute l'Afrique du Nord, et, à Tanger, Fez, Tlemcen, Alger, Constantine ou Tunis fleurirent de grandes familles juives dont nous espérons le retour fraternel.

Ainsi, loin de s'opposer, les religions peuvent donner un exemple d'amitié et de dialogue pour développer la tolérance et la paix régionale, notamment en Palestine et dans tout l'Orient. La complémentarité des deux peuples sémites est beaucoup plus forte du fait de leur origine commune et de l'intériorisation qu'ils font de la religion.

Pour un appel commun

L'an 2000 sera l'année du dialogue des cultures et la décennie à venir sera dédiée à la paix dans le monde. Juifs, Chrétiens et Musulmans pourront, grâce à l'engagement religieux, se montrer exemplaires en promouvant ensemble une culture de paix, dans le dépassement des divergences et dans la fraternité retrouvée. C'est cette fraternité qui fera de la région moyen-orientale la terre bénie des trois prophéties, la région sainte des trois religions unies dans la foi au même Dieu, sans esprit de domination, mais, au contraire, dans la justice et la dignité pour tous conformément aux Trois Ecritures.

Cela dit, dans les foyers de tension, naturellement, l'aspect religieux n'est jamais loin. Il est même parfois voisin, tant ce sont les minorités religieuses qui sont à la fois les boucs émissaires et les victimes désignées des champs de bataille. Vivant souvent en marge de l'ordre établi, dans une misère épaisse, elles expriment leurs frustrations en faisant quelquefois et elles aussi usage de la violence. Cela est vrai au Moyen-Orient, au Soudan, en Inde, en Bosnie et dans d'autres contrées, que nous ne pouvons toutes énumérer, tant, malheureusement, elles sont nombreuses.

Si les religions révélées apportent quotidiennement leur effort pour soulager la souffrance humaine et pour éduquer à la paix, il reste néanmoins du devoir des politiques de prévenir les conflits pour les désenfler avant le désastre et, le cas échéant, les arrêter quand la paix entre les hommes le commande. En tout état de cause, jamais on ne justifiera dans l'islam l'agression contre Juifs ou Chrétiens pour un simple prétexte religieux. Du point de vue de l'islam, il faut le dire avec insistance, il n'y a pas de conflit dogmatique entre les trois messages abrahamiques. Car ainsi parle le Coran, Parole éternelle de Dieu : « Point de contrainte en religion ! » (s. 2, v. 256).

Ces appels à la paix, constants et récurrents, ne participent pas de quelque opportunisme, mais découlent de l'essence du religieux, sans laquelle, naturellement, les fondements mêmes des monothéismes seraient caducs et notre morale définitivement éteinte.

En ce siècle jonché de morts, de massacres et de douleurs, il n'est point imaginable qu'une religion appelle ses fidèles à une guerre, fût-elle « sainte ». Bien au contraire, nous le répétons : quand les circonstances exigent que l'on fasse appel à son arbitrage, elle a toujours prôné la tolérance, le dialogue et la paix.

Voilà le troisième millénaire que nous souhaitons tous, dans lequel nous voulons (re)commencer à vivre : dans l'éclosion de la justice sociale, dans le respect des droits de l'homme et dans la préservation de la dignité humaine. Ne désespérons pas des valeurs de l'humanité : elle s'est toujours révélée soucieuse d'elle-même, de sa spiritualité et de son devenir ! La religion donne du sens à l'existant. Et ce sens nous pouvons enfin donner sa définition et dévoiler son vrai visage : transcendance pour le Divin et paix pour l'humain !

De la morale religieuse à l'éthique citoyenne

par Alain Mamou-Mani,
auteur et chef d'entreprise

Nous venons de redécouvrir la présence et l'importance de Moïse dans le judaïsme, le christianisme et l'islam, ces trois religions monothéistes qui ont construit au cours des siècles nos cultures et nos identités tout autour du Bassin méditerranéen. Le Prophète Moïse est le bien commun de ces religions maintenant universelles, et, si Abraham, le Patriarche, est reconnu par tous les croyants comme le Père des trois religions, Moïse peut sérieusement être considéré comme le Grand Frère de tous ceux qui, Juifs, Chrétiens, Musulmans, utilisent la Loi comme un moyen de libération.

Respect, reconnaissance et admiration, partage de la transcendance et obéissance aux règles — telles sont les valeurs qui relient la foi des uns et des autres à la même source mosaïque encore vive et généreuse. Mais nous restons également persuadés que le cheminement de Moïse peut nous conduire aussi bien vers Dieu, Yahvé, Allah que vers l'autre, notre prochain, notre voisin, c'est-à-dire jusque dans nos villes, au cœur de nos sociétés.

Une troisième chance ?

Les Dix Paroles que Dieu a confiées à Moïse en les gravant sur les Tables de la Loi représentent le fondement même du monothéisme. La base de la constitution d'une morale religieuse restée fondamentale pour les trois religions du Livre. Mais au cours des siècles, comme la rivière s'est éloignée de la source, chacun des enfants de Dieu, le Juif, le Chrétien, le Musulman, a préféré les méandres de sa foi singulière à la force du torrent initial. Il s'agit donc aujourd'hui de revenir au texte fondateur des religions qui peuplent majoritairement le monde afin d'examiner si les différences sont plus fortes que ce qui nous unit. Il nous faut poser la question tous ensemble, religieux et non-religieux, agnostiques ou athées, croyants ou incroyants. L'enjeu de la laïcité est à ce prix. S'il existe une possibilité de valeurs communes à vivre, il ne faut pas la manquer. Nous pensons que la meilleure façon, la plus constructive, c'est d'y travailler tout de suite en repartant des origines, des règles inscrites dans les Dix Commandements. Nous ne retournerons pas en arrière pour gommer les différences, au contraire, nous voulons intégrer les approches successives de la morale pour reconstituer une éthique moderne pour notre temps. Car il est temps d'apprendre à vivre ensemble.

Les enfants d'aujourd'hui, la jeunesse, ne comprennent plus les valeurs du monde qu'on leur propose. Trop souvent, le système répond à leurs questions par le retour du Veau d'or : consomme, jouis, déchire, éclate-toi ! Tels sont les impératifs au service d'une société marquée par la quête perpétuelle du profit et de l'argent qui dissout toutes les autres valeurs, spirituelles, politiques ou familiales. Certes, encore une fois, il ne s'agit pas de revenir en arrière, au culte factice de l'autorité ou aux rigueurs de l'austérité. Mais nous devons relire la Bible et les philosophes, et, devant le désarroi de la sève montante de la nation, penser d'autres systèmes de valeurs que l'on puisse partager.

Face à la montée des intégrismes et à la honte de l'exclusion, il nous faut aussi réfléchir, à la lumière des échecs du passé, de Tolède, Cordoue à Fez, Alger et Tunis, à la possibilité d'une cohabitation des trois religions du Livre. La première a pourtant duré sept siècles, en bonne intelligence, avant qu'Isabelle la Catholique expulse les Musulmans de Grenade, et les Juifs d'Espagne en 1492. La deuxième rupture se fit après l'indépendance, quand le « Maghreb uni » a rejeté dans les années soixante, après un siècle de coexistence, les pieds-noirs catholiques et les Juifs d'Afrique du Nord.

Ces trois religions pourront-elles réaliser maintenant ce qu'elles ont fait échouer dans le passé ? Pourra-t-on enfin, en France, dans toute l'Europe, vivre ensemble, au-delà de la simple tolérance et du respect mutuel, pour élaborer avec l'aide et la participation de tous une civilisation multiculturelle et multireligieuse ? Et nous développer globalement, lutter contre la pauvreté ici et là-bas ?

Le spectacle musical *Les Dix Commandements* est né de ce questionnement. Nous espérons qu'il va contribuer à faire une fête de ce rapprochement nécessaire et à poser les questions qui favoriseront le dialogue entre nous. C'est ici et maintenant à Paris, mais ensuite de Lille à Marseille, de Strasbourg à Brest, que les Sarfates [1], les Francs et les Beurs doivent construire une nouvelle France. Déjà, chez beaucoup de jeunes, l'interculture, le métissage, le mélange des couleurs, des rites, des modes,

1. Juifs de France.

des musiques sont des valeurs positives. Peut-être réussirons-nous cette tentative de renaissance qui a échoué à deux reprises en Espagne et au Maghreb ? Aujourd'hui, donnons-nous cette troisième chance !

Moïse dans nos villes

Reste à savoir comment les laïcs peuvent se sentir concernés par l'histoire de Moïse, et, d'une manière plus générale, quel lien peut exister entre la laïcité et l'Exode, le deuxième livre de la Bible.

Rappelons tout d'abord ce qu'est la laïcité. Il s'agit d'un principe politique qui a vu le jour sous la Révolution française en 1789 et qui a été concrètement appliqué au début de la Troisième République avec la loi capitale du 9 décembre 1905 sur la séparation de l'Eglise et de l'Etat. Cette loi signifie que l'Etat républicain n'exerce aucun pouvoir religieux et que, de leur côté, les Eglises, quelles qu'elles soient, ne bénéficient d'aucun pouvoir politique et relèvent désormais du droit commun au même titre que les activités et les institutions privées. En votant ce texte, les députés mettaient un terme aux influences religieuses sur la vie politique française.

Par extension, l'adjectif « laïc » désigne une attitude intellectuelle qui envisage les questions politiques dans une perspective uniquement sociale et dans le seul cadre de la Constitution. Cela peut paraître évident aujourd'hui, dans notre Cinquième République, mais, aux Etats-Unis, le Président élu prête serment sur la Bible lors de son investiture par le Congrès. Dans un autre registre, on songe aux fondamentalistes de l'islam qui, en Afghanistan ou au Yémen, font de la *chari'a* musulmane le fondement d'un nouveau type de régime politique. La laïcité refuse que les hommes soient gouvernés au nom d'un Dieu dont on ne peut, par définition, décréter l'existence. C'est pourquoi la République est dite « une et indivisible ». Les laïcs ne cherchent pas à nier ou à détruire toutes les formes sociales de la religion, ils essaient simplement de distinguer ce qui revient à Dieu, tout ce qui est de l'ordre privé et personnel de la spiritualité, et ce qui doit appartenir nécessairement à César, au souverain : le respect temporel de la loi républicaine dont le « contrat social » est le symbole philosophique. Mais il est faux de penser que le laïc est systématiquement un anticlérical ou même un athée ; il ne s'oppose à la religion que pour lui refuser le droit d'intervenir directement au nom de Dieu dans les affaires de la Cité. Car le laïc ne reconnaît qu'une seule forme de transcendance : celle de la loi. Or la loi n'est ni sacrée ni révélée, elle est vraie parce qu'elle est conventionnelle, à l'issue du vote du Parlement qui la déclare publiquement. Ainsi, la transcendance de la loi apparaît comme le résultat d'un processus qui confère à tous les citoyens les mêmes droits et les mêmes obligations. Seule l'égalité devant la loi justifie la transcendance effective de la justice, son indépendance en tant que troisième pouvoir. Seule la neutralité de la loi fait de son respect une obligation et non une contrainte, un devoir et non une servitude. Toute la philosophie politique du siècle des Lumières, celle de Voltaire, de Rousseau ou de montesquieu, tient dans cette affirmation : l'homme ne peut obéir *librement* que s'il obéit à un principe supérieur et non à ses semblables et à leurs caprices.

Ainsi la laïcité a triomphé dans notre pays : la politique, désacralisée, a cessé d'être une question de religions, de dogmes et de justice divine pour devenir une affaire d'opinions et de sondages. Il est désormais impensable que la chose publique puisse être confiée au représentant de Dieu sur terre, qu'il soit roi, empereur, pape, imam ou rabbin. Mais est-ce là une raison pour ignorer tout ce qu'enseignent les religions à travers les livres sacrés et les Prophètes ? En France, la religion a certes perdu le pouvoir temporel de gouverner les hommes en leur imposant *manu militari* règles et valeurs. Mais l'occasion ne nous est-elle pas justement donnée de redécouvrir le contenu authentique des Ecritures au terme d'un libre examen qui fasse clairement apparaître les racines judéo-chrétiennes de notre culture ? Le temps est venu, en cette aube du troisième millénaire, de partager avec nos concitoyens juifs, chrétiens et musulmans l'héritage que la Bible nous a légué à travers les siècles et que nous considérons maintenant comme l'ancêtre de nos lois laïques.

En nous intéressant au personnage de Moïse et à ses Dix Commandements, nous souhaitons nous inscrire dans ce mouvement de redécouverte des valeurs religieuses qui fondent nos valeurs civiques et éthiques. Nous ne le ferons pas, pour notre part, dans le cadre d'un discours théologique ou mystique, mais plutôt en faisant le portrait du Prophète Moïse en tant que leader politique. En faisant entendre les échos que son histoire a produits jusqu'à nos jours et en des endroits où l'on ne l'attendait pas vraiment.

Moïse, l'homme qui a dit non

Moïse a une avance de trois mille ans sur notre Renaissance occidentale car il invente en même temps la justice politique, le droit et l'humanisme. Cet aspect du personnage retient rarement l'attention. On parle davantage — et c'est normal — de l'homme de Dieu, du Messager de Yahvé, de celui qui s'entretient face à face avec Dieu et fend les eaux de la mer des Joncs avec son bâton. L'homme qui apporte la loi et donne la joie de la liberté s'efface souvent devant le conducteur inspiré du peuple hébreu.

Il est temps d'insister sur les décisions politiques de Moïse et sur les révolutions qu'elles ont introduites dans notre manière d'envisager les rapports humains et sociaux. Il s'agit de repositionner Moïse comme justicier des hommes, l'archétype du libérateur, le premier homme qui a dit non en s'opposant fermement à toutes les formes de servitude. Nous voulons parler du destin universel de l'homme Moïse, de l'idéal qu'il peut encore incarner aujourd'hui. Moïse comme préfiguration de ces grands hommes qui ont porté leur nation et leur peuple à bout de bras pour leur donner indépendance et dignité.

Le premier non de Moïse est une réaction instinctive de refus devant l'injustice dont est victime sous ses yeux un esclave hébreu. Lorsqu'il tue le soldat égyptien, il ne se rend pas compte que toute sa vie va basculer du côté des opprimés et des victimes du pouvoir. Mais sa révolte ne lui laisse pas le choix. Pourtant les Hébreux ne devraient représenter pour lui, Prince d'Egypte, que du bétail humain sans aucune valeur intrinsèque. Alors d'où vient cette révolte ? Du sentiment de l'injustice dont la force abolit violemment toutes les distinctions sociales, les catégories sociologiques ou les castes traditionnelles. Pour la première fois de notre histoire, nous avons la démonstration qu'un homme peut franchir les frontières que la réalité lui impose et dans lesquelles elle tend à l'enfermer. Pour la première fois, un Prince s'intéresse à un esclave pour le libérer de sa condition intolérable de « sous-homme ». Pour la première fois, un homme de pouvoir et de culture met sa vie en jeu pour sauver d'une punition arbitraire et cruelle un immigré pauvre et « sans droit » abruti de servitude et de fatigue. On ne peut apprécier la violence de ce « non » à sa juste mesure si on ne s'imagine pas, par exemple, un ministre volant au secours d'un étranger maltraité lors d'une descente de police dans un quartier sensible.

A cette date de sa vie, Moïse ne sait pas encore clairement ce qui se prépare en lui — il ignore la révolution dont il va devenir à la fois le héraut et le guide. Pour l'heure, il essaie seulement de fuir cette vocation qui couve sous sa colère. La période d'exil qui s'ensuit est d'ailleurs une des constantes du destin des grands révolutionnaires. Le Prophète Jonas, autre grande figure de la Bible, a connu les mêmes hésitations : il n'a pas voulu sauver Ninive, l'immense cité sur le Tigre, quand Dieu le lui ordonna, et il fallut bien des péripéties pour qu'il accepte enfin sa mission. Il s'agit, la plupart du temps, d'une phase de repli et de réflexion pendant laquelle ces hommes corrigent leurs principes et leurs systèmes pour les rendre plus adéquats à la réalité du combat politique. Les périodes de crise ou d'excès font naître des hommes d'une envergure et d'un charisme exceptionnels, propres à redéfinir les valeurs constitutives d'une société. Acquise dans l'héroïsme souterrain de la résistance, leur légitimité s'alimente au feu de la révolte et du refus. Leur destin rejoint alors celui de tout un peuple.

Une philosophie de la libération

Le retour de Moïse en Egypte, où les siens sont restés en esclavage, signifie qu'il se sent enfin prêt à dire non à Pharaon. Cette confiance et cette force nouvelles lui sont données lors du célèbre épisode du Buisson ardent qui flambe sans se consumer. Il est possible d'interpréter ce phénomène à la lumière de la raison et dans une perspective philosophique, car la connaissance du Nom de Dieu correspond dans la vie de Moïse à une expérience métaphysique qui le met sur la voie d'une véritable théorie du sujet. La définition que Dieu donne de Lui-même, « Je suis qui Je suis », révèle à Moïse que l'homme, à l'image de la perfection de Dieu, doit devenir ce qu'il est. Ainsi l'intuition intellectuelle du Nom divin implique la nécessité d'une violente métamorphose, car l'homme, pour la première fois, se découvre un véritable projet. Un projet qui se bâtit autour de l'essence de l'homme qu'il s'agit désormais de conquérir, de réaliser dans des actes décisifs qui excèdent les simples besoins ou les appétits de la vie quotidienne et dont le sens nouveau incarne existentiellement la nature humaine. Cet épisode constitue bel et bien la naissance de l'homme à travers l'émergence d'une pensée spéculative et abstraite de l'existence. Moïse entre alors en possession du grand secret, et sa vie de berger lui paraît, maintenant qu'il *sait*, trop étroite, trop confortable. Une idée en tête — cela suffit pour changer le monde entier ! C'est la force de ses convictions qui va pousser Moïse à revenir en Egypte et à bouleverser enfin l'ordre des choses.

Moïse n'est pas un pantin qu'agite la volonté divine, au contraire, il agit, lui-même, au nom de cet homme dont il annonce le règne nouveau. Ainsi, lorsqu'il va trouver Pharaon pour l'avertir des illusions de la grandeur et le mettre en garde contre les délires de sa mégalomanie, Moïse aurait pu s'exprimer ainsi : « Ecoute, Pharaon ! Je suis revenu avec l'idée d'un grand projet pour l'humanité : je veux faire ici un exemple pour toutes les générations d'hommes. Mais je ne trouve que des dieux à tête de bête et des hommes réduits à l'état de bête. Laisse partir les miens afin qu'avec eux je trouve là-bas, dans le désert, de quoi remplir nos esprits et nos cœurs d'humanité, de cette essence en laquelle nous croirons jusqu'à la fin des temps. »

Le premier pas de la conquête de l'humain par l'homme doit être franchi en direction de la liberté. Moïse ne réclame rien d'autre que l'extension illimitée du domaine de la liberté et du libre arbitre. En effet, qu'est-ce qu'un homme s'il ne peut disposer de son corps et de ses gestes et s'il n'est pas lui-même le principe de son propre mouvement et de ses propres raisons ? Un outil dans les mains de son maître, un esclave... D'où la nécessité et surtout l'urgence de la libération pour qu'advienne, en lieu et place de la servitude et de la misère, la dignité — en sorte qu'être un homme ne soit pas notre peine maximale !

Un politique de la révolution et non un « petit père des peuples »

Moïse invente le droit des peuples à disposer d'eux-mêmes. Cette doctrine fut revendiquée au XXe siècle, après la Seconde Guerre mondiale, par les pays du tiers-monde pour se défaire de la tutelle des grandes puissances coloniales et établir sur leur territoire une souveraineté légitime et démocratique. Chaque combat que les peuples opprimés engagent en faveur de leur libération nous ramène à cette lutte multimillénaire dont Moïse reste la figure tutélaire et une référence encore bien vivante. Combien de Pharaons se sont succédé depuis que les eaux de la mer ont noyé les soldats égyptiens ? Combien de tyrans médiocres et mesquins se sont relayés sur les trônes de la mégalomanie pour digérer les minorités, leurs différences et leurs cultures ? On a même vu certains « Prophètes » conquérir la liberté pour leur peuple, faire la révolution pour les pauvres. Puis la lutte armée les a conduits au pouvoir — Staline, Mao, autant de modèles de faux libérateurs qui finissent par oppresser les peuples pour conserver coûte que coûte leurs pouvoirs.

Moïse n'est pas de ceux-là. Certes il a lutté, il a dirigé et organisé les Hébreux, il en a fait une armée puissante et redoutable. Mais, plutôt que de s'accrocher au pouvoir, il a laissé son serviteur Josué devenir le Guide d'Israël.

La culture contre la civilisation

Mais contre qui Moïse s'est-il battu ? Ramsès n'a rien d'un de nos dictateurs ubuesques. Nous admirons encore aujourd'hui les splendeurs que de longues dynasties de Pharaons nous ont léguées : pyramides, tombeaux, sphinx, Palais. Leur pouvoir venait des dieux et leur volonté avait la force surhumaine de soulever d'immenses blocs de pierre vers le ciel pour en faire des portes ouvrant sur l'au-delà. Mais au prix de combien de souffrances pour le peuple ? Combien d'esclaves périrent-ils au cours de ces travaux interminables ? La grandeur doit-elle se bâtir dans le sang et au mépris de la résistance humaine ?

Moïse surgit face à Pharaon non pas comme un syndicaliste qui négocie un allègement des tâches ou une réduction du temps de travail, mais comme un intellectuel qui a été élevé de la même façon que lui et parle son langage. Rappelons au passage que Gandhi, et d'autres leaders indépendantistes du tiers-monde, ont fait leurs études dans les meilleures universités des pays colonisateurs avant de contester, en connaissance de cause, l'idéologie d'une civilisation qui veut, par tous les moyens, « civiliser les sauvages ». Sans la cruauté de Pharaon, Moïse ne se serait peut-être jamais élevé contre lui. La tyrannie sécrète elle-même ses contre-pouvoirs et finalement le principe qui va la renverser.

Mais pourquoi cette confrontation entre d'un côté les bâtisseurs des pyramides et de l'autre « les bâtisseurs du temps[1] » ? Devons-nous choisir, trois millénaires plus tard, entre ces deux versants de l'origine, comme s'il s'agissait *encore* d'une décision politique ou idéologique ? Le conflit qui oppose Pharaon et Moïse, les Egyptiens et les Hébreux peut se résumer à l'archétype suivant : la civilisation contre la culture. On pourrait dire aussi : la géographie contre l'histoire, l'espace contre le temps, le raisonnement contre l'intuition, la tradition contre la religion et la politique. D'un côté un empire, dont les seuls repères sont spatiaux et non temporels, s'enracine dans une terre fécondée par un Fleuve qui devient à son tour le centre du monde, la source de l'Etre, la boussole qui guide le cours de la vie dans le sens Nord-Sud. Ici, point de temps linéaire — seule la Nature, divinisée, rythme les travaux au cycle des saisons. En conquérant les espaces par la force militaire, en s'appropriant les terres qu'il marque de son architecture imposante, l'impérialisme des grandes civilisations n'a de cesse de faire reculer les limites du monde connu. Dans cette politique d'expansion, les peuples envahis participent à l'effort de civilisation, et, soumis à une tradition qui n'est pas la leur, ils construisent les reliefs de la grandeur inutile, de la propagande édificatrice. Quant à l'opposition entre le calcul égyptien et l'intuition hébraïque, elle semble plus difficile à

1. Du titre du très beau livre d'Abraham Heschel sur l'identité juive, Editions de Minuit, 1957.

appliquer de manière systématique. Les Hébreux, comme les Egyptiens, comptent tout et sans cesse : l'Ancien Testament regorge de détails chiffrés et de comptes précis. Cependant les Egyptiens utilisent les nombres à des fins géométriques, pour calculer les aires cultivées et édifier des monuments aux dimensions inouïes ; les Hébreux, en revanche, construisent le temps, fixent dates et généalogies. Ils ont, les premiers, la conscience de l'histoire en ce qu'elle a de dynamique et d'irréversible (la déchirure décisive entre un avant et un après). La Terre promise n'est pas tant le lieu rêvé d'une résidence définitive que le moyen contingent d'habiter fondamentalement, intimement, le temps et de se maintenir, inchangé, dans l'histoire. Finalement l'espace devient le faire-valoir du temps, de l'espoir : la promesse de la Terre importe plus que la possession du pays de Canaan. Malgré les diasporas, exodes, déserts, exils, les Hébreux, éclatés géographiquement aux quatre coins du globe, persécutés dans toutes les nations, ont perduré au cours des siècles depuis Abraham. Pas de civilisation possible donc, mais une *culture* construite dans le temps autour de leur histoire, de leur mémoire, et même des souvenirs de leurs souffrances. Là réside la matrice de leur identité — faute d'un territoire définitif sur lequel établir durablement les fondements d'une civilisation. Mais voilà la grande réussite des Hébreux : maintenir une culture, une religion là où ils seront dispersés (diaspora) ou « parqués » (ghetto).

La vie de Moïse confirme ce rapport au temps, à la durée : car si l'on en croit la chronologie des événements, ce n'est qu'à quarante ans qu'il découvre sa judéité et à quatre-vingts qu'il affronte Pharaon. Pourquoi tant d'années d'ignorance puis d'errance ? A l'image de son peuple, Moïse attend d'être mûr pour entamer le combat de la délivrance.

« Il y a quelque chose de pourri » dans ce Royaume d'Egypte

Les dix plaies d'Egypte peuvent être considérées comme le revers de la civilisation. Il est facile de mettre au jour derrière chacun des fléaux qui s'abattent sur le Royaume de Pharaon un des multiples maux qui gangrènent et détruisent inexorablement tous nos efforts et nos progrès pour ériger nos civilisations en empires stables et pérennes. Les dix plaies fonctionnent toujours comme des symboles puissants et violents qui, si l'on y regarde de plus près, nous mettent en garde contre nos propres excès. Comment ne pas voir par exemple dans le premier fléau (le Nil en sang) l'image de nos fleuves ou de nos mers pollués par tout ce que nos usines et notre insouciance y rejettent ? La Bible parle de poissons morts, de « fleuve puant », d'eau imbuvable, et nous avons sous les yeux ces mêmes spectacles : plages mazoutées, un Danube qui n'est plus si bleu ni si beau. Et que dire du cinquième fléau, cette mystérieuse peste qui ravagea tous les troupeaux égyptiens ? Ne sommes-nous pas également concernés par une de ces maladies « étranges » qui déciment ici et là des troupeaux entiers de bovins ? Bien sûr je ne pense pas qu'il s'agisse, dans aucun de ces cas, d'un châtiment voulu par Dieu : il est seulement question de dénoncer, à travers ces signes « surnaturels », la logique qui pousse l'homme à nuire à son environnement et dont le moteur fut jadis la recherche du prestige. Aujourd'hui la quête du profit passe par la destruction des écosystèmes, le mépris des lois les plus évidentes de la nature. L'écologie est alors apparue comme une nouvelle culture, comme une « alternative » à l'industrialisation massive de l'ensemble du vivant. Mais elle doit devenir rapidement un nouveau contre-pouvoir autonome. Une fois encore la culture, comme vecteur d'une pensée de la différence et de la singularité, doit remplir son rôle de critique et nous mettre en garde contre les dérives de toutes les « technosciences » — quand bien même les conditions de la « sainte » croissance et de la prospérité bénie plaideraient en faveur d'un optimisme insouciant.

La civilisation porte en elle, on le voit, les forces qui vont la corrompre : déclin de tous les empires, décadence et chute des dynasties...

De la libération à la liberté : la dialectique du maître et de l'esclave

Tous ces non successifs que Moïse lance à la face du monde sont les refus et les refuges nécessaires que nous devions construire pour mettre fin à tous nos conditionnements, à tous nos héritages, à toutes nos lourdeurs — pour mieux renaître. Impossible ici de ne pas évoquer la célèbre dialectique hégélienne du maître et de l'esclave qui nous fait comprendre comment, dans l'horizon symbolique d'une lutte à mort pour la vie, on passe du moment négatif de la servitude au moment positif d'une conscience de soi autonome. Malgré les apparences, ce que dit Hegel est d'une simplicité déroutante et d'une efficacité redoutable. Imaginons un esclave et son maître. L'esclave travaille sans relâche pour le seul bénéfice de celui qu'il sert. Le maître n'a donc aucun effort à fournir pour jouir de l'existence et peut tout entier se consacrer à de « nobles » tâches : penser, gouverner, discuter. Pourtant il devient très vite prisonnier de ce que l'esclave fait pour lui. Incapable de travailler lui-même l'ingrate matière de la vie, il finit par être dépendant de celui qui le sert. Le confort et le luxe créent la plus vicieuse des aliénations, alors que le travail servile génère la maîtrise des choses et élève l'esclave au-dessus de l'absurdité de sa situation. Le riche craint de tout perdre car il sait qu'il n'aura plus la force de tout reconstruire ; de même il redoute la violence, la vieillesse et la mort qui mettront un terme à l'impunité de ses jouissances passives ; l'esclave, lui, ne craint rien car il ne possède rien qui puisse mettre une borne ou un frein à son désir. Et son désir n'a rien à voir avec une quelconque envie de s'enrichir car il sait, pour l'avoir travaillée, que la matière n'est pas l'avenir de l'homme. L'esclave et le maître se retrouvent face à face dans une lutte à mort. La nudité de l'un, les richesses de l'autre, la tension de l'un, les doutes de l'autre. « Laisse mon peuple partir ! » crie Moïse à la face de Pharaon, comme plus tard le gospel, repris par Martin Luther King, à la tête du mouvement des droits civiques des Noirs américains, chantera *« Let my people go ! »*. On ne demande pas la permission de la liberté — on la prend et on se l'administre !

Moïse est celui qui met sa vie en jeu pour parvenir à une pleine conscience de soi prolongeant ainsi l'expérience fondatrice du Buisson ardent. Dans le combat qui l'oppose au maître Pharaon, la puissance lui vient de ces forces accumulées durant l'esclavage. Comme on vient de le voir, le processus de libération se nourrit de tensions centrifuges : révoltes, soif de justice, mépris de la mort. Aucun empire ne peut annuler la conscience de soi et la confiance en soi. Mais le véritable problème réside dans la bonne gestion de cette force retrouvée. La libération n'est rien sans une structuration immédiate de la liberté. Or la grande force de Moïse est d'avoir su et d'avoir pu donner un contenu positif à cette soif nouvelle d'indépendance et d'autonomie. Contrairement à certains révolutionnaires, il ne s'est pas contenté de détruire, de semer le chaos, et il n'a pas substitué au règne de la tyrannie celui de la Terreur.

Moïse, l'homme qui a dit oui

L'œuvre principale de Moïse fut sa propre vie, comme sculptée par sa propre volonté. Ce qui nous intéresse maintenant dans « notre » Moïse, dans l'interprétation que nous en faisons, reste les Dix Commandements, l'œuvre dans laquelle tous ses refus se transforment en un grand « oui » d'espoir et de certitude mêlés. Ce Texte, à la fois don et récompense, intervient dans son histoire — à mi-chemin entre l'Egypte et Canaan, dans un décor austère, sur le mont Sinaï, la montagne de la Destruction. « Je suis » (Yahvé) donne à son peuple « à la nuque raide » les règles de vie qui lui permettront de multiplier et de fructifier en Terre promise.

Les Dix Commandements — ce Texte devenu transparent, lisse, banal à force d'avoir été répété, commenté, partagé —, que pouvons-nous encore en faire aujourd'hui ? D'abord, nous l'affirmons avec force et audace, nous ne comprendrons pas ce texte tant que nous n'aurons pas fait l'effort de le penser indépendamment de son contexte religieux ou même sacré. Mais cela ne revient pas à lui ôter tout caractère solennel, car nous souhaitons qu'il apparaisse à tous comme le pendant nécessaire des droits de l'homme, à savoir comme la seule et unique Déclaration universelle des devoirs du citoyen. Il faut pour cela, premièrement, lever les critiques infondées qui pèsent depuis le XIXe siècle sur les valeurs judéo-chrétiennes et ensuite repenser dans une perspective éthique ce qu'on assimile péjorativement à des commandements, à des ordres transcendants et paternalistes qui aliéneraient la liberté de l'homme en le soumettant à une autorité supérieure et tyrannique : le Dieu colérique de l'Ancien Testament.

Au XIXe siècle, le nihilisme a progressivement conquis le monde occidental comme une mode intellectuelle dont le mot d'ordre majeur fut « Dieu est mort ». Fini les progrès de la raison, de la civilisation et des mœurs que l'enthousiaste siècle des Lumières avait annoncés sous la forme d'un nouvel humanisme. Au XXe siècle, l'amoralisme, version philosophique de l'immoralisme provocateur des artistes (les surréalistes) et des écrivains (Gide), a eu beau jeu, dans le sillon de toutes les révolutions antibourgeoises, de revendiquer l'abolition de toute forme de transcendance pour établir ses positions anarchistes. Sur ces bases postmodernes, qui ont fait table rase des exigences de l'humanisme et qui sont encore, d'une certaine manière, les nôtres, le Décalogue vacille, et, une fois à terre, c'est la fossilisation idéologique qui l'attend et qui en fera un « vieux machin » supplémentaire dans le grand débarras des Antiquités humanistes. Il lui faut donc un bon lifting et ce ravalement commence par la liquidation des malentendus. Ils sont nombreux et, comme les préjugés, tenaces.

La nature de la morale

D'abord la plupart des gens pensent qu'il s'agit là d'une morale, voire d'un moralisme. Ils ne retiennent que l'aspect disciplinaire des commandements, et ils les considèrent comme une énumération dogmatique d'interdits qui, sortie tout droit de la bouche de Dieu, prend des allures de tabous censés nous inspirer crainte et tremblement. Or nous prétendons qu'il y a dans ce texte de quoi construire une éthique et que ces inter-dictions (étymologiquement : des choses que l'on se dit entre nous) recouvrent en fait des exhortations que l'homme s'adresse à lui-même par le truchement de l'autre, du « tu ».

Précisons tout de suite quelle différence il y a entre une morale et une éthique. Certes, le langage courant distingue rarement ces termes, et leur étymologie renvoie à la même réalité des mœurs et des attitudes existentielles : *mores* en latin et *ethos* en grec. En revanche la philosophie, dans son effort de définition et de conceptualisation, en fait deux notions, somme toute complémentaires, mais relevant de deux domaines bien différents de l'agir humain. L'éthique a pour finalité la recherche du bien-vivre et du bonheur dans la sélection des désirs et des projets. Le sens spécifique de la morale réside, lui, dans l'horreur de la violence. Nietzsche précise à juste titre que la morale a été inventée par et pour les faiblesses de l'homme et qu'elle est fondée sur le sentiment naturel de la pitié. Mais, à la différence de l'auteur de la *Généalogie de la morale* et de *Humain, trop humain*, nous ne voyons pas dans cette origine pathologique de la morale les raisons de sa destitution ou de sa destruction. Car la morale a pour elle le privilège de l'évidence : évidence de la douleur vécue, de la souffrance mentale, de la déception programmée. Clarté et positivité du mal dont nul ne peut mettre en question l'existence et qui, par conséquent, conduit la pensée vers l'exigence du bien et de la justice. La morale procède de ce manichéisme simplificateur, elle plonge ses racines dans la crainte de ce que l'homme peut faire à l'homme. Le sixième commandement, « tu ne tueras pas », est l'illustration idéale de ce refus du mal positif et volontaire qui détruit l'humain en niant non pas la vie mais l'existence. Le meurtre a pour objet l'existant car on n'assassine pas un bœuf ou une poule. La vie qui se dédouble dans le reflet d'une conscience : voilà l'événement unique de l'existence, voilà ce que l'homme doit maintenir intact et préserver quoi qu'il en coûte. Or ce qu'il en coûte, nous le savons très exactement : le besoin d'une morale. En l'occurrence, il faut que quelqu'un, quelque part, nous rappelle toujours ce qu'est l'existence humaine, qu'elle n'a pas de prix, qu'aucun intérêt ne peut décider de son sort, estimer ce qu'elle vaut. Au-delà de l'estime, il y a le devoir qui s'impose nécessairement et universellement comme une discipline inconditionnelle envers laquelle on ne marchande ni ne transige. Ainsi. l'homme n'a qu'un seul devoir mais qui justifie absolument la morale et la forme du commandement : c'est celui de ne pas tuer, de ne pas annuler l'existence, alors même qu'à tout instant il en a le pouvoir. La morale reste la seule manière pour nous souvenir que nous pouvons éprouver de la pitié, et que dans cette pitié se joue l'avenir de l'humain. Car seul le respect sentimental de l'existence peut produire en nous le respect intellectuel et rationnel de la Loi. Ceux qui ne tolèrent pas la Loi sont également le plus souvent ceux qui, au nom d'une force supérieure, sont insensibles au malheur des autres puisque au fond de tout malheur se cache une injustice.

Tu n'auras pas d'autres obligations que le respect de la Loi

Dans le premier commandement, « tu n'auras pas d'autres dieux face à moi », le mot Dieu doit représenter aussi bien l'autorité de la Loi que son origine transcendante. Le rôle de ce commandement est fondamental au sens où il est fondateur, mais on ne peut l'évaluer que dans son rapport au sixième dont nous venons de parler. Nous avons besoin de l'autorité exclusive d'une Loi et d'une morale pour lutter contre cette violence que nous découvrons, abominable et absurde, dans le meurtre. Respecter et obéir à cette Loi nouvelle qui commande souverainement nous permet de nous affranchir de toutes les autres lois conçues par ceux qui se prétendent nos chefs pour mieux nous guider vers la servitude. Le deuxième commandement, « tu ne feras pas d'idole », peut être lu comme la confirmation de l'autonomie du jugement moral : pas de liberté sans libération de toutes les servitudes et surtout de celles qui nous aliènent par le plaisir, la crainte ou l'envie. Superstitions, argent, honneurs, profit, tradition, tous ces Veaux d'or qui nous obsèdent et après lesquels nous courons, toutes ces idoles qui nous gouvernent et jugent à notre place. La Loi, unique autorité, signifie qu'il faut faire l'effort, en permanence, de se décider seul, indépendamment de toute influence extérieure et parasite, de toute béquille. « Le problème avec la morale, c'est toujours celle des autres », chantait Léo Ferré. Morale d'un dieu — idole — ou d'un maître — maîtres à penser (les médias), maîtres à rêver (les stars), maîtres à consommer (les publicités).

La morale est donc d'abord vécue avant d'être pensée et développée dans un système de règles. Elle puise ses racines dans la vie et elle n'interdit certaines actions (essentiellement les actes de violence) que pour préserver les hommes dans leur existence. La présence de la Loi avertit l'homme du fait qu'il est faillible, qu'il peut commettre des fautes et des erreurs, en faisant un mauvais usage de sa liberté. Cependant la plupart des « mauvaises » actions proviennent d'une ignorance des causes et des effets : soit on agit trop vite et les conséquences de nos actions sont à l'opposé de nos intentions, soit on réfléchit trop longtemps, on a des scrupules et il ne nous reste finalement que des remords. Dans tous les cas, « nul ne fait le mal volontairement », précise Socrate dans les dialogues de Platon. La loi n'a aucun intérêt à humilier l'homme sous prétexte qu'il peut se tromper et contrevenir à ses règles. Elle ne cherche pas non plus à diaboliser ses désirs en les lui présentant comme des péchés prétendus capitaux. Elle ne délivre pas des injonctions mais des préceptes, elle n'ordonne pas mais elle conseille, elle n'impose ni ne condamne mais incite et oriente.

La morale constitue le dernier rempart contre l'inhumain. Mais elle n'est pas le dernier mot de l'homme.

Le passage à l'éthique : de l'homme à l'humain

Le respect de la loi est la condition nécessaire mais pas suffisante de la justice et du bien, de même que parler la même langue est la condition nécessaire pour se comprendre mais pas forcément pour (bien) s'entendre. Ainsi, je peux très bien ne pas tuer, ne pas voler, ne pas mentir tout en détestant les hommes en général et mon prochain en particulier. Sans estime réelle pour la personne humaine, le respect n'est, le plus souvent, qu'un rapport de force équilibré, masqué par une politesse conventionnelle et froide. L'impression qui se dégage du Décalogue ne doit pas nous faire croire que le respect est la seule méthode pour vivre ensemble. Les Dix Paroles de l'Exode n'évoluent pas toutes sur le même registre : comme nous allons le voir, certains commandements fonctionnent comme une sollicitation ou une invitation à un devenir humain pour l'homme, et leur ton est celui de l'amitié plutôt que de l'autorité rigide et inflexible. D'ailleurs le mot Tora qui désigne pour les Juifs les cinq premiers livres de l'Ancien Testament

(Genèse, Exode, Lévitique, Nombres, Deutéronome) ne doit pas être traduit par la Loi mais, plus littéralement, par le terme d'enseignement. Le Décalogue nous met sur les voies de la sagesse — à nous d'y voir les moyens de notre épanouissement.

Lorsqu'on dit qu'il ne faut pas faire aux autres ce qu'on n'aimerait qu'ils nous fassent, on profère sans nul doute une vérité rationnelle qui a la force d'une évidence mathématique. Cette proposition, simple et limpide, formulée par Hillel, sage pharisien contemporain du Roi Hérode, a tellement fasciné les moralistes qu'ils lui donnèrent le nom de règle d'or, qui n'est pas sans évoquer le légendaire nombre d'or, symbole de la perfection et de la beauté absolues. Mais, pour échapper au modèle arithmétique de la loi du talion (« œil pour œil, dent pour dent »), il serait néanmoins préférable de dire, en suivant la formule retenue par les Evangiles Chrétiens : fais aux autres ce que tu aimerais qu'ils te fassent ! La différence est bien plus qu'une nuance : dans la première formulation, c'est une certaine forme d'égoïsme ou d'intérêt personnel qui permet d'éviter le pire. Plus je suis riche, moins j'ai envie de me faire voler, et je deviens ainsi un ardent partisan de la propriété privée inaliénable, des systèmes d'alarme et de la légitime défense... Dans le second cas, il s'agit d'une volonté explicite de donner aux autres ce que l'on n'a pas forcément soi-même. La générosité procède ainsi : je décide de donner du temps et de l'attention à des gens en détresse. Le principe de la générosité doit nous faire comprendre que tout ce qui n'est pas donné, sentiments ou aides matérielles, est définitivement perdu. La générosité figure, à ce titre, au rang des vertus éthiques majeures.

Tel est le sens spécifique de l'éthique par rapport à la morale : la morale sert de garde-fou à la liberté humaine (qui peut aller jusqu'à nier l'existence de la liberté) à laquelle elle donne deux interdictions absolues : celle de tuer et celle de mépriser ses droits — l'éthique accomplit concrètement ce que la morale laisse inachevé, à savoir le souci de l'autre et l'envie de se réaliser, non pas dans l'indifférence des autres, mais en harmonie avec son entourage. En définitive, la morale est la condition de possibilité matérielle de l'éthique dans la mesure où il faut qu'existent des hommes et donc des sentiments pour que le bonheur et l'amour aient du sens. C'est en ce sens qu'il faut comprendre la célèbre phrase de Pascal : la vraie morale (c'est-à-dire l'éthique) se moque de la morale ! Car d'une manière générale, il ne suffit pas d'obéir aux lois et aux règles quelles qu'elles soient pour se croire irréprochable et quitte pour la joie. L'hypocrite joue les vertueux avec force sourires et politesses, mais il n'abuse personne, à commencer par lui-même ! On voit que l'enjeu de l'éthique se situe dans l'intention, dans des vertus sans faux-semblants — sans « moraline » disait Nietzsche pour se moquer des tartufes et des puritains.

Se défaire de la tentation pour être soi-même

On ne contrefait pas le sentiment de l'estime de soi qui n'a rien à voir avec l'*auto*satisfaction, l'orgueil ou même la fierté. L'expérience de l'estime correspond à l'accomplissement d'une bonne action, pas seulement au sens moral, mais aussi au sens d'une action réussie, celle dont la fin est en totale adéquation avec les moyens mis en œuvre.

Le dernier commandement, « tu n'auras pas de visées sur les biens de ton prochain », constitue un des axes majeurs de cette nouvelle éthique de l'autonomie dont le Décalogue dessine secrètement le projet. Cette ultime parole nous met en garde non plus contre une action comme c'est le cas précédemment avec le meurtre, l'adultère, le vol ou le mensonge, mais contre tous les désirs que nous inspirent l'envie et la jalousie. En quoi sont-ils condamnables ? Il ne s'agit certes pas de suspecter toutes les pensées ou de traquer dans chacune de nos passions leurs origines malsaines ou concupiscentes. On ne peut exiger de l'homme qu'il maîtrise tous ces désirs — surtout après avoir découvert, grâce à la psychanalyse, que les fantasmes se construisent dans l'inconscient et qu'on ne peut influer directement sur eux pour les modifier ou les supprimer. Il faut néanmoins savoir ce qu'est exactement la convoitise afin de se prémunir contre son empire. « Convoiter, c'est trouver précieux ce qu'on ne possède pas, ce qui appartient à quelqu'un d'autre, c'est « loucher » au lieu de regarder devant soi, c'est refuser d'être ce qu'on est. » En ce sens, la jalousie dénote chez l'individu qui en souffre un manque cruel d'imagination doublé d'un amour-propre exacerbé. S'accepter soi-même tel que l'on est vraiment, afin que personne ne puisse nous prescrire un idéal préfabriqué, unidimensionnel, calqué sur les *best of* à la mode — cela nécessite une sagesse solide, à l'épreuve du désir le plus violent. « L'homme sage sait rester à sa place », écrit Rousseau — le Décalogue confirme cette leçon d'humilité en nous proposant un héroïsme sans fanfare ni artifice : le simple courage d'être soi et d'avoir confiance en ce « soi » redécouvert, remis à l'honneur.

Une communauté fondée sur l'estime que chacun de ses membres se porte ne peut être désœuvrée, car il lui revient la tâche infinie de rassembler tous ces « je » en un « nous » collectif à la fois désiré et pacifié. « C'est l'ami, ni ardent, ni faible. L'ami. C'est l'aimée, ni tourmentante, ni tourmentée. L'aimée. » Ces quelques phrases de Rimbaud, écrites au terme d'un long recueillement, témoignent de l'harmonie secrète qui doit présider à la définition de l'autre : ami, aimé ou amant. Le secret du véritable humanisme tient dans la juste proportion de « je » et de « tu » que nous pouvons échanger. Et la vérité de cette société de frères tient dans la possible réciprocité du citoyen et de l'ami. Nous devons nous respecter en tant que citoyens d'une même société, mais nous pouvons fraterniser en tant qu'acteurs et responsables d'un même projet.

Moïse et Freud

Moïse, en dehors des trois religions, est considéré par Freud comme le Prophète du Dieu Aton pendant le règne d'Akhenaton. Ce Pharaon bien connu avait décidé de rompre avec les cultes polythéistes des prêtres d'Amon pour adorer un Dieu unique : Aton, le Soleil. Freud imagine que Moïse, de pure souche égyptienne, est le bras droit du Pharaon. Lorsque celui-ci fut renversé par les partisans d'un polythéisme pur et dur, Moïse décida de continuer l'aventure du monothéisme en prenant la tête d'un groupe d'esclaves : les Hébreux. Il s'efforça de les convertir à cette religion exigeante ; mais, à bout de privations, les Hébreux tuèrent Moïse, leur grand prêtre. Voilà la conclusion que le célèbre psychanalyste tire de sa théorie qu'il nomme lui-même un « roman historique » : la religion monothéiste et la Loi de Moïse résultent du meurtre du Prophète ! Freud met en évidence toute la force du retour du refoulé : Moïse symbolise le pouvoir et l'autorité du Père dont les enfants (en l'occurrence les Hébreux) veulent se débarrasser *à n'importe quel prix*... pour fusionner avec la mère qui représente amour et indulgence. L'enfant (l'Hébreu) tue le Père (Moïse), essaie d'oublier ce meurtre en le refoulant dans l'inconscient, n'y parvient pas (le groupe des lévites resté fidèle à leur chef Moïse conserve la mémoire de ses paroles) et finalement jouit de ce souvenir sous la forme de l'adoration religieuse. Voilà l'application du fameux complexe d'Œdipe à la religion : je crois en un Dieu unique parce que j'ai tué le Père autoritaire et parce que j'en éprouve de la culpabilité. La foi religieuse est donc une forme de névrose dont Freud analyse les mécanismes rigoureux dans un livre révolutionnaire, *Totem et tabou*.

Je retiens de cette analyse que la figure de Moïse n'est pas historique mais *symbolique*. L'histoire de Moïse appartient aux mythes fondateurs de notre culture qui nous apprennent à grandir, à devenir plus humains. Nous avons mûri depuis cette époque de bruit et de fureur. La raison a fait son œuvre. Désormais nous avons fixé les limites qui dessinent les contours de notre dignité. Le Père est mort, vive le Père ! L'idée de la Loi a fait son chemin, nous avons intériorisé la nécessité de vivre ensemble sous la contrainte de règles communes. Mais l'espoir n'est pas mort qu'un jour nous puissions nous regrouper comme des frères et célébrer dans la paix la fin du paternalisme. C'est cet espoir que nous voulons annoncer pour le XXIe siècle, en souhaitant qu'il devienne l'ère de l'éthique.

Le sacre du sacré

Dire non avant de dire oui, tel est donc l'itinéraire philosophique de Moïse qui trouve son accomplissement dans les Dix Commandements. Oui ! Nous voulons vivre en société ! Oui, nous avons besoin de règles et de limites pour contenir cette violence animale qui couve en chacun de nous ! Oui, il nous faut une morale commune qui énonce clairement les devoirs et les droits de l'homme pour que nous sachions, dans toutes les situations, comment devenir plus humains. Oui, il nous faut une vision plus large du présent afin que nos enfants ne fassent plus les frais de notre cupidité et de nos enthousiasmes déraisonnables.

Nous avons vu que la morale pouvait survivre et s'épanouir en dehors de la tradition monothéiste qui l'a portée jusqu'à nous. Nous avons proposé qu'une éthique fraternelle succède, au niveau immanent de la société civile, à tous les paternalismes édifiants qui n'ont eu de cesse d'infantiliser les acteurs sociaux et de les rendre irresponsables. Mais il nous faut aller plus loin encore et affirmer que le sacré peut, à son tour, se libérer des carcans rigides et dogmatiques dans lesquels l'homme monothéiste l'a progressivement enfermé. A l'heure de la mondialisation, la question n'est plus de savoir lequel d'entre le judaïsme, le christianisme ou l'islam va l'emporter. La globalisation de l'éthique rend inutile et caduc le triomphe sanglant de telles ou telles valeurs spécifiques. En revanche la reconnaissance des diverses pratiques religieuses rend nécessaire une approche polysémique du sacré. Le monothéisme n'est plus exclusif — ne serait-ce parce que trois religions monothéistes, ça fait déjà beaucoup pour un seul Dieu ! On redécouvre aujourd'hui les anciennes religions de la terre qui postulaient une interaction diffuse et pacifique entre l'homme et les éléments. Les cultes des Indiens d'Amérique, des Aborigènes d'Australie ont été l'objet du mépris de l'homme blanc civilisé et de ses persécutions. Le monothéisme a généré des civilisations suprématistes dont les pouvoirs avaient leur origine dans la transcendance et la « volonté » divines...

La responsabilité envers les père et mère : l'éthique du futur

Avant de clore notre cheminement dans le Décalogue, il nous reste à analyser le cinquième commandement, le seul dont la formulation ne soit pas une interdiction mais un appel énergique : « Honore ton père et ta mère, afin que tes jours se prolongent sur la terre. » Ce commandement est au centre de tous les autres, car c'est celui qui libère le plus de sens. Il ne nous demande pas seulement de respecter nos parents, d'accorder de la valeur et du poids à leur autorité et à leur expérience, de prendre soin d'eux, de les accompagner jusqu'à la mort. Il nous enseigne surtout que la gestion de l'avenir dépend du soin que l'on prend du passé. Nous aussi, nous sommes ou nous deviendrons parents. Nous aussi, nous avons ou nous aurons des enfants qu'il faudra guider, élever, conseiller. Or, il dépend dès à présent de nous de décider si, oui ou non, nous voulons un monde en bon état de marche. Le message de ce commandement est beaucoup plus qu'un conseil, c'est une mise en garde. Souvenez-vous de votre futur ! Faites en sorte que toutes vos actions ne nuisent pas à vos descendants, à vos enfants et petits-enfants. Car il n'y a de prospérité qu'à long terme, n'en déplaise à tous les spéculateurs et à tous les entrepreneurs sans scrupules qui sont prêts à brader le capital Terre pour quelques plus-values dérisoires. Le respect *envers* les pères et mères n'est rien d'autre que le respect *des* pères et mères envers le monde qu'ils vont laisser à leurs enfants. Voulons-nous faire de la Terre une poubelle insalubre et malodorante ? Voulons-nous disposer des gènes humains comme de ludiques Lego pour construire à notre guise l'homme de demain ? Ne nous trompons pas d'urgence : ne confondons pas mission et défi, responsabilité et inventivité. Ce n'est pas l'homme qu'il faut construire, mais son environnement. Ce n'est pas le génome humain qu'il faut modifier, mais notre manière de penser.

Pour cela nous disposons de méthodes nouvelles : principe de responsabilité et principe de précaution. Le premier pose les fondements d'un nouvel impératif éthique qui fait du futur sa priorité. Le second nous donne les moyens concrets pour ne pas mettre en péril l'harmonie écologique de demain. En effet, si un seul doute subsiste quant aux conséquences de telle ou telle innovation technologique, nous avons alors le devoir de ne pas l'appliquer. La conscience fait son retour dans le domaine des sciences, mettant fin au dogme cartésien d'une maîtrise absolue de la nature : désormais l'ignorance des effets est reconnue comme une des données du problème scientifique.

Si nous avons fait de cette cinquième parole le dernier mot de notre plaidoyer en faveur d'une éthique laïque, c'est parce qu'il souligne fermement et définitivement le caractère finaliste du bien que nous nous proposons de faire. Cela signifie que la morale ne peut être vraiment effective qu'à l'intérieur d'un projet plus vaste. Pour résumer, la morale n'est pas une fin en soi, elle reste seulement notre moyen le plus efficace pour défendre la conception d'un monde meilleur. Mais encore faut-il se sentir concerné par tous les problèmes qui nous préparent le pire des mondes possibles. Encore faut-il se donner l'ambition et la conviction d'un but qui mobilise toutes nos énergies et organise toutes nos stratégies. L'éthique que nous revendiquons n'est ni divine ni angélique et nos « bonnes intentions » sont aussi bien des déclarations de guerre à l'intention de tous les Pharaons de la pensée unique, de tous les systèmes qui immobilisent les idées, de toutes les traditions obsolètes qui inhibent les réformes.

III.

Entretien autour des Dix Commandements

INTRODUCTION

Dix Paroles en trois actes

Pourquoi parler des Dix Commandements aujourd'hui ?

ALAIN MAMOU-MANI. — Le 21 juillet 1969, six cents millions de personnes ont regardé leur propre planète, le clair de Terre, dans leur téléviseur : cette petite boule de vie est apparue quelque part dans l'immensité effrayante de l'univers. Nous avons alors ressenti un profond élan mystique devant cette présence infime du vivant dans le cosmos. Devant tant de fragilité, nous avons pris conscience du poids de notre responsabilité, et éprouvé comme un devoir la nécessité de protéger et de prolonger cette vie contre le néant et l'infini qui l'entourent. Il nous fallait des régulations pour que cette aventure continue de bruire au milieu du grand silence des galaxies.

L'année précédente, j'avais, avec les jeunes étudiants de ma génération, voulu faire la révolution. Nous lapidions les CRS en déclarant haut et fort qu'« il est interdit d'interdire », nous voulions en finir avec la morale de « papa-maman »... C'était Mai 68 et nous avions vingt ans. Mais aujourd'hui, avec l'âge et le recul, c'est cette petite image de la Terre qui reste gravée dans ma mémoire et qui me donne envie de sauvegarder la vie avant de vouloir la changer. Aujourd'hui, je veux construire un avenir tolérable pour mes enfants, je veux leur donner en héritage un monde et une Terre en bon état de marche. C'est pourquoi j'ai souhaité réunir tous ceux qui, depuis toujours, prêchent pour le respect de ces valeurs de vie et de paix et qui s'appuient pour cela sur un Texte fondateur, vieux de trois mille trois cents ans mais jamais encore démodé : les Dix Commandements.

Pourquoi avez-vous décidé de parler des Dix Commandements à partir de la fin, en commençant par le dixième ?

AMM. — Avec Nicolas Krausz, nous avons découpé les Dix Commandements en trois parties qui correspondent chacune à trois directions. Dans l'ordre que nous donne la Bible, il y a d'abord une dimension verticale qui tire l'homme vers le haut, de l'immanence vers la transcendance : ce sont les trois premiers commandements qui concernent les rapports de l'homme avec Dieu, son attitude par rapport au sacré. Ensuite cette verticalité conduit notre attention vers le bas, vers nos racines : ce sont les commandements du sabbat (le quatrième) qui permet à la terre de se régénérer, et du respect des parents (le cinquième) qui nous fait prendre conscience de notre dette envers nos aînés. Enfin, il y a la dimension de l'horizontalité qui nous met en présence d'autrui, de l'ensemble de l'humanité : ce sont les cinq derniers commandements. L'ordre que nous vous proposons de suivre, messieurs les religieux, correspond à notre souci de faire des Dix Paroles la base d'un nouveau code éthique qui aujourd'hui est nécessaire si nous voulons rentrer dans le troisième millénaire et vivre ensemble dans la paix et la tolérance. Nous ne voulons exclure personne de cette recherche d'un bien commun.

C'est pourquoi nous avons souhaité commencer par ce qui nous concerne tous, croyants ou non, religieux et laïcs : une charte des devoirs envers autrui — autrui qui est à la fois mon frère, ma femme, mon voisin, mon prochain, autrui qui n'est pas et ne doit pas être une simple utopie ou le fruit d'une imagination altruiste. Nous terminerons donc cet entretien par les commandements propres à la sphère du religieux — ceux qui nous guident sur les voies du sacré, et qui nous apprennent à devenir humbles face à ce qui nous dépasse infiniment. Je précise enfin que cette démarche correspond autant à une interprétation subjective qu'à une volonté pédagogique de clarification et d'ouverture à tous les publics : nous n'avons pas la prétention de « réécrire » la Bible ou d'en extraire une vérité cachée, absolument originale.

Que signifie le terme de commandement ?

GRAND RABBIN JOSEPH SITRUK. — Je tiens tout d'abord à indiquer que dans la tradition juive, nous ne pensons pas que ces Dix Paroles soient plus importantes que les autres préceptes de la Tora. Le principe même d'une morale réside dans la difficulté à établir une hiérarchie entre les valeurs. Il est donc aussi important à nos yeux d'accomplir le moindre des petits commandements incompréhensibles comme par exemple « tu ne mélangeras pas le lait et la viande » ou « tu ne porteras pas un vêtement fait de lin et de laine » qui sont eux aussi des commandements au même titre que les « célèbres » Dix Commandements. La Tora n'est pas un système logique ou même philosophique mais une Loi qui ne cesse jamais de transcender l'homme tout en lui parlant. Il est très difficile de comprendre cette transcendance qui est en même temps immanence, un proche qui est en même temps lointain. L'expression talmudique pour désigner D. en hébreu peut se traduire par le « Saint, béni soit-il » : « saint » exprime le transcendant, « béni » exprime la proximité. D. est à la fois « mon ami » et « ma Loi », mon proche et mon lointain.

En hébreu, on ne parle pas des Dix Commandements, mais des Dix Paroles, *hasséréť adibérot*. Cette traduction change beaucoup le sens de ce texte : la Parole se pose et on mesure tout par rapport à elle, le commandement s'impose et on entre alors dans une logique d'obéissance ou de désobéissance. Et la Parole suscite d'autres paroles, nos propres paroles.

ACTE 1

Une charte des devoirs envers autrui

DIXIÈME COMMANDEMENT : « TU NE CONVOITERAS PAS LA MAISON DE TON PROCHAIN »

On ne comprend pas très bien de quoi il s'agit dans ce dernier commandement. Que nous interdit-il de faire exactement ?

GRAND RABBIN JOSEPH SITRUK. — Le problème que pose ce commandement est celui d'une législation de la pensée, c'est-à-dire : peut-on nous empêcher de penser, donc de convoiter ? Les exemples du texte sont clairs : ils signifient que je suis responsable de l'intégrité d'autrui, et son intégrité commence par tout ce qui lui appartient (sa maison, son bœuf, son âne, etc.). Mais la notion de propriété qui se dégage ici n'a rien à voir avec une notion juridique : il s'agit d'un lien d'exclusivité que je me dois de respecter en ne convoitant pas, par exemple, la femme de mon prochain. Un homme avec une femme dans le cadre de la fidélité conjugale — voilà une vraie relation exclusive. C'est un devoir religieux de respecter l'exclusivité d'une telle relation et de ne pas la détruire.

Mais que signifie convoiter ?

JS. — L'idée de base est très simple : tout est en germe dans la pensée. Une parole talmudique résume bien le processus de l'action humaine : « le cœur désire, les yeux regardent et le corps agit ». Ça veut dire : je vois ce que je désire et je veux ce que je vois. « Et vous ne vous égarerez pas après votre cœur et après votre regard » dit la Tora (Nombres 15, 39). On me demande de maîtriser mon regard avant mon action, et mon désir en amont de mon regard. Quand je marche dans la rue, je vois ce que je veux voir et chacun d'entre nous voit des choses très différentes : il voit en fonction de ce qu'il est vraiment, au fond de lui-même. Ce commandement nous demande donc d'apprendre à maîtriser ce qu'il semble impossible de maîtriser : la pensée. Mais comment faire pour rester maître de son mental alors qu'il nous échappe en permanence ? C'est possible : la Tora l'affirme contre les psychologues ou les psychanalystes. Car le mental rend l'homme semblable à D., il est illimité comme Lui. C'est là que se situe la rencontre entre D. et l'homme. Maîtriser ses pensées, c'est être capable de les orienter vers le but choisi. Cette dixième parole signifie qu'on peut guider sa vie, en décider grâce au contrôle de ses pensées, construire un axe de vie personnel qui va me rendre indépendant de tous les autres. La Tora m'attend là, dans ce jardin secret, à l'abri de l'influence d'autrui, de la convoitise et de la jalousie. La croyance en D. se situe dans cette rencontre de mon mental avec l'Invisible. Cette parole est sans doute la plus forte parce qu'elle nous met sur la voie de la maîtrise et du contrôle de soi.

Que dit Jésus de cette parole ?

MGR JEAN-CHARLES THOMAS. — Il est évident que Jésus, homme d'Israël, donne lui aussi une interprétation de la Loi ; il dira également : prends garde, toujours, à ce qui t'habite — tête, corps, ventre — car c'est de là que va naître ton action. Il demande non pas de regarder ce qui passe de l'extérieur vers l'intérieur, mais de bien examiner ce qui est en train de « se mijoter », de se tramer à l'intérieur de soi, parce que c'est cela qui va sortir vers l'extérieur. Mais si on laisse s'installer en nous le désir, la convoitise, alors il sortira toutes sortes de choses mauvaises, car la débauche, l'envie, le meurtre proviennent du dedans de l'homme : l'individu en est seul responsable. L'homme peut être défiguré par la jalousie : il n'est plus lui-même, il va devenir impitoyable pour ses frères et sœurs. Il va polluer la vie des autres ! Tout prend naissance à l'intérieur de l'homme : l'extérieur est seulement l'occasion de concrétiser nos désirs. L'enseignement de Jésus insiste sur la phase de conception avant celle de la réalisation (voir Marc 7, 14-23). L'homme qui l'écoute attentivement peut avoir la chance de renaître à lui-même et à la société.

Est-ce que l'islam reconnaît ces Dix Commandements et la conception éthique qu'ils soutiennent ?

RECTEUR DALIL BOUBAKEUR. — Tout à fait, et je voudrais pour ma part, en tant que Musulman, mettre l'accent sur les choix profondément éthiques que nous devons faire pour notre temps. Je voudrais aussi replacer ces Dix Commandements dans la perspective musulmane qui est centrée sur la communication avec Dieu. Pour nous, ces commandements sont des recommandations, *wassayat* en arabe. Les commandements appartiennent à la même logique que les ordres d'Allah que l'on trouve dans les versets du Coran — ils incarnent la Parole et l'Ecriture de Dieu. Beaucoup de versets coraniques reprennent les paroles mêmes de Moïse durant l'Exode. La sourate 17, celle qui relate le Voyage nocturne du Prophète à la mosquée Al Aqsa de Jérusalem, contient de nombreuses lois et règles de vie — et elles sont données au Prophète par Moïse lui-même. Enfin nous fêtons tous les ans la traversée de la mer Rouge lors de l'Achoura, le dixième jour de l'année musulmane. Les Dix Commandements, l'épopée du peuple d'Israël et le Coran sont donc très liés. Mais j'insiste sur le fait que ce sont des commandements éthiques parce qu'ils sont sacrés. Pour nous la Parole de Dieu est une parole performative : elle est incréée en elle-même, elle est *sui generis*, mais elle seule peut créer les conditions de la vie pour l'homme !

Qu'est-ce qu'un laïc peut dire de la convoitise qui est devenue le moteur de nos sociétés ?

ALAIN MAMOU-MANI. — Pour ma part, j'ai envie d'utiliser ce dixième commandement pour dire au jeune, et au moins jeune, qui va voir le spectacle : tes pensées commandent le monde, alors fais très attention lorsque tu désires, lorsque tu réfléchis, parce que ton mental va devenir la réalité. L'émission spirituelle que tu vas capter dans ton cerveau va devenir quelque chose de réel, alors essaie de choisir les bonnes émissions !

JCT. — Oui, tout à fait... et tu deviens ensuite, à ton tour, un émetteur proposant de bonnes émissions ! Ce que tu captes, tu le renvoies aux autres ; et si tu captes d'abord ce qui va te faire du mal, tu es sûr que tu vas rayonner du mal. Mais si tu captes ce qui te fait du bien, tu vas aussi contribuer à construire ton environnement.

Par exemple, tu peux imiter, autant que tu veux, les qualités des autres, tu dois convoiter leurs vertus, la gentillesse, la générosité, la politesse... On pourrait se dire qu'il n'y a rien de plus intérieur, personnel, incommunicable que la convoitise. Mais c'est le contraire : le destin de nos sociétés se joue dans ce que les gens vont décider de convoiter ! Nous devons mettre au goût du jour une nouvelle forme de convoitise — l'envie d'aimer !

NEUVIÈME COMMANDEMENT : « TU NE TÉMOIGNERAS PAS FAUSSEMENT CONTRE TON PROCHAIN »

A l'origine de toute communication, il y a la parole. Est-ce que ce commandement ne nous guide pas vers une éthique du langage ?

DB. — Oui, le faux témoignage est un péché capital (*al Kabuïr*). L'islam affirme que nous tenons de Dieu la capacité de dire la vérité et de nommer exactement. Dans le Coran, Allah enseigne à Adam la science des noms comme signe de sa suprématie sur le créé. L'homme qui nomme véridiquement toutes les choses leur donne une existence. L'éthique du langage et de la parole est, à l'origine, une éthique de la vérité. Le mensonge n'entre pas dans le projet que Dieu a prévu pour l'homme quand il en a fait le garant de la réalité. On le voit bien dans l'épisode de la tour de Babel : lorsque Dieu a voulu punir les hommes en les dispersant, Il a mélangé leurs langages afin qu'ils ne s'entendent plus. L'homme doit porter une parole de vérité, qui se souvient de son origine divine, du *Logos* divin auquel il participe. Voilà le message de ce commandement : lorsque les hommes se rapprochent, c'est le langage qui se crée et lorsqu'ils manquent de parole, lorsqu'ils bafouent la vérité, alors ils se déchirent.

On ne peut donc pas dire des paroles en l'air ?

JS. — Non, car le langage est une réalité, contrairement à ce qu'on pourrait imaginer. Nous ne percevons certains aspects du réel que par ce qu'il en a été dit. Les sages d'Israël ont d'ailleurs souligné l'importance de la parole. Le peuple juif en est une tragique illustration : tout le mal qu'on a dit de lui a poussé certaines personnes dans une voie meurtrière, abominable. Il y a un autre point très important que Maïmonide, le célèbre philosophe juif du XIIe siècle, a mis en valeur — ce sont les catégories de langage. Il y en a quatre, nous dit-il. Premièrement, les choses bonnes que le langage peut véhiculer vers autrui : encourager quelqu'un qui désespère ou qui est malade et ne croit plus en la vie, le soutenir par nos paroles, lui donner du courage — ces paroles sont positives, elles font du bien : plus on en dit, mieux on se porte ! Deuxièmement, il y a le langage nécessaire : j'ai besoin de boire, alors je réclame, en une phrase brève, un verre d'eau. Troisièmement, le langage inutile qui occupe nos conversations futiles. Et quatrièmement, le langage nuisible. On peut déduire de ces distinctions que la première catégorie est recommandée, la deuxième à limiter au strict minimum, la troisième à éviter et la quatrième à exclure totalement.

Qu'est-ce qu'un langage nuisible ?

JS. — Il consiste à rapporter le mal qu'autrui a véritablement commis — c'est la médisance ; et à rapporter ce qui est faux, à inventer des histoires pour dire du mal de quelqu'un — c'est la calomnie. Or, depuis quelques décennies, nous sommes entrés dans une civilisation de la communication et de l'information dans laquelle le langage occupe la place centrale. C'est pourquoi l'audiovisuel, qui est le moyen le plus efficace pour communiquer, doit devenir le vecteur d'une parole bienfaisante. Aujourd'hui, des millions d'esprits ne se nourrissent que de la presse ou de la télévision — mais c'est une industrie de la médisance et très souvent de la calomnie qui fait le plaisir et le spectacle quotidien des gens ! Le Talmud nous dit qu'il existe trois péchés capitaux : le crime, l'idolâtrie et l'adultère. Mais le texte poursuit : celui qui médit accomplit une faute plus grave que ces trois péchés. Pourquoi une telle sévérité ? Parce que l'homme est le seul à pouvoir jouir d'un langage qui peut exprimer autre chose que des informations ou des besoins. L'être humain est le seul vivant à être doué de la parole. Alors, mal user de cette parole, c'est falsifier son rôle dans le monde, voilà pourquoi c'est si grave.

JCT. — Oui, les hommes persistent à se faire le reflet et l'écho de toutes les choses qui peuvent leur être nuisibles. Nous revenons ici sur le thème du désir. Pourquoi est-ce que les médias parlent essentiellement des événements dramatiques ? Parce que les consommateurs sont avides de ces faits désolants ! La société se drogue avec ce qui lui fait du mal, et refuse de se nourrir de paroles bienfaisantes. Jésus demande qu'on se nourrisse des pains spirituels, des paroles qui sortent de la bouche de Dieu, ou qui proviennent d'un cœur bien disposé. Notre société a donc besoin de réfléchir sur cet immense gâchis de la parole qui retourne toutes nos valeurs à un point tel qu'on finit par désirer le mal pour autrui. Sans doute est-ce parce qu'on ne désire même pas ce qui serait bon pour soi ! Car on a pris l'habitude de se mépriser soi-même en raison d'une idée dominante que seules quelques personnes sont heureuses ou méritent de l'être, les stars, les riches, ceux qui ont le pouvoir... Et moi qui n'ai rien de tout cela, je n'ai aucun intérêt, je ne suis rien, je ne vaux rien. Voilà pourquoi l'amour est si important : au moins, j'intéresse une personne, j'ai de la valeur à ses yeux ! Il ne faut donc sous aucun prétexte nuire à cette qualité extraordinaire de l'amour : il crée la personne et il lui donne toutes les chances de construire un bonheur partagé.

AMM. — Je pense effectivement que le neuvième commandement doit nous conduire à lutter contre la pollution des messages dans notre prétendue société de communication. Souvent dans la vie des médias nous conjuguons le terme communiquer de façon intransitive. Il faudrait préciser le plus souvent possible pourquoi je veux parler et à qui je m'adresse. Pratiquons plutôt l'écologie de l'esprit que vous venez d'évoquer. Si l'on veut retrouver du sens, il faut commencer par être attentif aux mots que l'on utilise : respecter leur signification et les sentiments qu'ils traduisent. Dans les banlieues, les jeunes utilisent beaucoup le mot *respect*, mais pour eux, il signifie : je te commande, tu dois me respecter donc tu dois m'obéir ! Non, respecter l'autre, ce n'est pas être à ses ordres. Il nous faut lutter pour ne pas employer des mots auxquels on ne croit plus.

JCT. — Lutter aussi pour ne dire que les choses importantes et bénéfiques. Voilà Jésus qui dit : que votre oui soit oui, que votre non soit non — tout ce que vous dites en plus, en trop ou en dehors va embrouiller vos discours et casser la communication ! Efforcez-vous de parler pour dire seulement le Vrai et le Bon. Refusez de travestir ce qui vous semble vrai et juste !

DB. — C'est aussi une question de foi. Je crois que celui qui n'a pas foi en lui-même ni en les autres développe des réactions d'angoisse qui se traduisent par des paroles d'agressivité. Le racisme par exemple s'en prend à des minorités qui sont différentes, qui font peut-être peur, mais qui ne sont en aucun cas méprisables. Ces minorités réveillent des angoisses uniquement chez les gens qui n'ont pas la foi. La spiritualité vraie, au contraire, établit des rapports de confiance entre les êtres humains. C'est pourquoi il faudrait éradiquer définitivement ces mauvaises paroles, ces insultes : on peut tuer quelqu'un avec sa parole, essayons plutôt de le faire vivre !

JS. — Tout se joue pour l'homme par la parole. Je crois devenir fort en lançant des insultes, en déclarant aux gens que je les hais. Injurier quelqu'un, c'est essayer de se grandir à ses propres yeux mais d'une façon artificielle — voilà le drame du langage destructeur. Nous sommes à une phase critique de notre civilisation où il faut dépolluer la parole, selon l'expression d'Alain Mamou-Mani. Oui, l'homme a vraiment envie de se faire du mal : on lui dit de ne pas fumer, de ne pas se droguer, de ne pas conduire en état d'ivresse… et pourtant il le fait. Ce masochisme est effrayant ! C'est pourquoi, nous, hommes de religion, nous devons démontrer les bienfaits de la parole, les paroles qui valorisent les autres.

HUITIÈME COMMANDEMENT : « TU NE COMMETTRAS PAS DE VOL »

Avec ce commandement, on quitte le domaine du spirituel, de la parole pour rentrer dans celui des biens, des possessions matérielles. Est-ce qu'il s'agit là d'une défense de la propriété privée et de l'inégalité des richesses ?

JCT. — Il convient tout d'abord de préciser que la traduction exacte est : « tu ne commettras pas de *rapt* », c'est-à-dire tu ne mettras pas la main sur autrui en l'obligeant à devenir ton esclave, en lui enlevant toute liberté d'action. Je suis ton maître et tu es mon serviteur, voilà ce que ce commandement nous demande de nous interdire. Imaginez-vous ce commandement inscrit au fronton des grandes sociétés modernes ! Au contraire, l'attitude courante consiste à dire : je suis fort, donc je peux exterminer l'autre, l'absorber, même s'il disparaît « corps et biens ». Le mot de « rapt » vaut donc pour les personnes, les sociétés et entreprises — mais aussi pour les institutions religieuses : une secte qui commet le rapt sur des personnes souvent sans défense crée des drames en chaîne. C'est la raison la plus profonde de la nocivité des sectes. Elles mettent la main sur les gens en état de faiblesse, d'attente, de désespoir, et puis ensuite elles les retiennent et les encerclent ! Alors qu'une grande religion comme le catholicisme ne retient personne. On sort des Eglises comme on veut aujourd'hui !

Il y a un deuxième sens aussi important que vous avez évoqué en parlant de l'« inégalité des richesses » : l'homme peut être libre, mais il a aussi besoin de quelque chose pour s'habiller, d'argent pour nourrir sa famille, pour payer sa maison. Or si quelqu'un le prive de ces moyens indispensables, le voilà abîmé, diminué et il va progressivement perdre ce qui lui est réellement indispensable pour exister socialement. C'est pourquoi il ne faut pas prendre à autrui son vêtement, ni ce qui lui est nécessaire pour survivre, pour vivre, pour se développer. Et si quelqu'un te donne son manteau en gage parce qu'il te doit de l'argent, tu le lui rendras avant le soir, car c'est peut-être la seule chose qui va le couvrir pendant la nuit quand il aura froid. Ne dépouille jamais personne de ce dont il a besoin pour vivre !

Jésus a d'ailleurs vivement critiqué les richesses inutiles

JCT. — Oui, le Christ a été extrêmement ferme sur ce point. Il a dit : si ce que tu possèdes finit par te posséder, alors fais attention, parce que tu es en train de rentrer dans un système où tu vas forcément voler l'autre pour t'enrichir. C'est ton amour incontrôlé de l'argent qui te poussera au vol. Les enseignements de Jésus sont très nombreux sur notre rapport aux biens matériels. Jésus nous dit : mon frère, donne donc librement en aumône ce que tu possèdes, et après suis-moi car tu seras libre ! L'enseignement sur l'aumône est fondamental non pas pour enrichir les caisses des religions... mais pour prouver que l'homme est plus grand que ce qu'il possède. « Ne vous souciez donc pas pour le lendemain, car à chaque jour suffit sa peine ! » nous dit Jésus (Matthieu 6, 19-34). Votre Père sait très bien ce dont vous avez besoin. Préoccupez-vous du Royaume de Dieu, de ce qui est juste, d'aimer les autres et de faire servir votre argent au développement des autres ! Alors vous ne manquerez pas du nécessaire, car il sera mieux partagé, et vous aurez personnellement un trésor dans le ciel, à l'abri des mites, des voleurs ou des dévaluations.

Ce commandement n'a-t-il de sens que dans la perspective de l'aumône ?

DB. — Chacun sait que l'aumône est un des cinq piliers fondamentaux de l'islam qui sont indiqués dans les cinq premiers versets de la sourate 2 du Coran. Pourquoi ? Parce que c'est une purification des biens. Tout ce que nous possédons appartient à Dieu, Il met toutes choses à notre disposition, et nous savons que touts les biens terrestres sont éphémères. La crise du monde moderne se définit par le « règne de la quantité[1] », c'est-à-dire par l'oubli que la part essentielle de l'homme est dans sa spiritualité, aujourd'hui où il tend à se rapprocher du pôle matériel et « solide ». Le sens de la vie ne peut pas se matérialiser. L'aumône est une forme de purification, d'inversion subversive et miraculeuse de la quantité en qualité. La vie se gagne certes par l'effort, la sueur du travail sanctifié par Dieu — mais il n'y a pas de gain sans partage. Il faut que les jeunes se détachent de cet amour effréné de la dernière mode, de la dernière moto, tous ces clinquants de la vie qui ne font qu'aliéner et détourner du véritable sens de l'existence. Il faut donc revenir vers une dimension plus humanisée et finalisée des biens.

Le judaïsme a-t-il la même conception de la charité ?

JS. — Il faut d'abord savoir que, selon la tradition orale d'Israël, le Déluge, c'est-à-dire l'extermination de l'humanité, visa à punir tous les hommes parce qu'ils volaient... D. constate ainsi l'échec de sa Création : aveu effarant de la part de D. — comment peut-Il dire : Je me suis trompé ! et il faut tout recommencer ! Sur la question de la charité, il y a un verset dans le livre des Proverbes qui dit « la charité sauve de la mort ». Faire un acte de charité, c'est, comme l'a dit M. Boubakeur, lutter contre le vol. Mais cette attitude va beaucoup plus loin : quand je donne quelque chose qui est à moi, je suis dans l'irrationnel, car il n'est pas « logique » de donner cent francs que j'ai gagnés au prix de nombreux efforts. Or en faisant référence à un au-delà de la rationalité et de la logique humaines, je rentre donc dans un au-delà de la vie et je suis ainsi sauvé de la mort ! La

1. C'est le titre d'un ouvrage de René Guénon.

charité est ce qui nous fait transiter de cette vie vers l'au-delà et qui nous sauve de la mort purement biologique...

JCT. — ... et qui nous sauve aussi de la pure relation commerciale ou financière entre humains ! Grâce à la gratuité, nous sortons tous de cette logique du donnant-donnant et nous nous purifions de la pure logique de commerce. Nous rétablissons la gratuité de l'amour. Nous comprenons que tout ce qui n'est pas partagé ou réparti est perdu... et finit par appauvrir notre personnalité.

Ne peut-on établir un parallèle entre la charité et l'amour ?

AMM. — Oui, je crois qu'il y a un rapport évident mais la charité a souvent servi de prétexte pour soulager sa culpabilité face à l'absence d'amour. Le psychanalyste Lacan a une très belle définition de l'amour, « L'amour, c'est donner ce qu'on n'a pas, à quelqu'un qui n'en a pas besoin », c'est-à-dire être un chaînon, disparaître entre ce qui vient de l'extérieur et ce qui part de l'intérieur, entre deux, servir de relais entre les hommes et les femmes, échapper à la condition de celui qui prend, au statut de prédateur.

DB. — L'anthropologie confirme d'ailleurs l'importance de la charité, du don gratuit. Au départ, l'homme se caractérise par la *pronation*, c'est-à-dire par un mouvement de saisie par lequel il s'approprie le monde extérieur pour en faire des outils, des richesses. Puis, à un moment clé de son évolution, l'homme s'est mis à prier, il a inventé la *supination*, le mouvement de la main tendue, paumes en avant, dans un geste de don, d'abandon. La prière est fondamentalement une restitution par laquelle l'homme reconnaît ses semblables et invente l'humanité en cessant de devenir un prédateur, un pronateur.

AMM. — La caresse relève également du processus

de supination : une main qui passe, qui effleure, qui refuse de saisir. Mais, pour revenir au vol ou au rapt, je pense que la cause qui pousse les gens et particulièrement les jeunes à se comporter ainsi, c'est le manque d'énergie. Comme ils ne sont pas « branchés » sur celle du cosmos qui peut également nous enrichir, nous traverser, ils essayent de la prendre chez le voisin. Le vampirisme compétitif se généralise et la grande mode des films de vampire en est une conséquence directe. Le sang est l'énergie de la vie pure et l'argent peut être considéré comme l'énergie de la vie de la société. Donc les gens s'adonnent au vampirisme. Mais ce qui est plus grave, c'est que le vampire transforme l'autre en vampire quand il suce son sang.

DB. — Je voudrais, à ce propos, dénoncer l'attitude des pays riches par rapport aux pays pauvres, une attitude de vampire également. La spoliation Nord-Sud procède de ce phénomène. Les pays d'Afrique aujourd'hui sont dix fois plus pauvres qu'il y a trente ans ! Il y a vraiment une situation insupportable dans cette exploitation des pauvres par les riches, dans cette violation constante des règles internationales. Et tous les problèmes actuels de drogue, de trafics divers proviennent de cette pronation incessante.

SEPTIÈME COMMANDEMENT : « TU NE COMMETTRAS PAS L'ADULTÈRE »

Ce commandement paraît bien dérisoire à l'époque du PACS et de la liberté sexuelle. Peut-on encore « interdire » l'adultère aujourd'hui ?

AMM. — C'est un commandement très délicat à traiter, car c'est sans doute ici que des tensions fortes apparaissent entre un point de vue laïque et un point de vue religieux. Ma génération, qui a fait Mai 68, s'est battue pour la libération sexuelle, la pilule ou le droit à l'avortement, pour que les femmes puissent disposer de leur corps. Aujourd'hui, avec l'allongement de la durée de la vie, certains prétendent qu'on ne peut plus vivre avec la même femme du mariage à la mort. D'autres vont même jusqu'à affirmer que tout amour a une durée, et qu'il faut apprendre à reconnaître quand un amour est mort pour passer à un autre.

Ce septième commandement a donc un rapport direct avec la question du divorce. Mais le divorce nous éloigne de l'éthique, car à partir du moment où les enfants voient leur père et leur mère souffrir, se séparer, même si c'est pour de justes raisons, ils deviennent les victimes de cette séparation. En tant que laïque, je ne jetterai évidemment pas la pierre au couple qui se sépare car c'est malheureusement un problème de notre société presque impossible à résoudre. Mais de même que le mariage est sacré et a pour enjeu l'épanouissement des enfants, le divorce doit aussi comporter quelque chose de sacré pour qu'il ne se fasse pas à la légère ! On peut conserver les acquis sexuels de Mai 68, la liberté des mœurs et des pratiques de chacun, mais, une fois rentré dans la symbolique du mariage, il faut sauvegarder à tout prix cette relation privilégiée entre un homme et une femme.

Quelle est la position de l'islam sur ces questions ?

DB. — Nos religions sémitiques ont institutionnalisé très tôt et avec précision les relations entre les hommes et les femmes. Sur ce point, l'islam autorise notamment la polygamie sans pour autant l'encourager comme un modèle pour la famille : dans le Coran, la polygamie est moralisée et soumise à des règles très strictes. Le divorce a aussi été moralisé très tôt dans notre religion au sens où la préservation de la femme a été une préoccupation de premier ordre dans nos textes sacrés. Mais le divorce est un cas que l'islam envisage de manière exceptionnelle — quand les époux ne peuvent plus se supporter ! Pourquoi insister à vivre ensemble quand c'est une source constante de malheur ? Il vaut mieux dans ces situations prendre la décision de se séparer et essayer de revivre chacun de son côté. Moraliser le mariage est un élément éthique important et j'admire la sanctification du mariage chrétien qui n'existe pas chez nous sous cette forme, mais seulement celle d'un acte juridique consacré par l'assemblée des juristes et conclu par la récitation de la *Fatiha*. Quant à l'éducation, nous aurons sans doute l'occasion d'y revenir au moment du cinquième commandement.

JCT. — Dans la perspective du mariage chrétien, on commence par s'interdire de juger ou déconsidérer celui ou celle qui a été incapable de vivre en totalité ce qui devrait être son Amour, son Alliance unique qu'il avait scellée sur la confiance réciproque. Le passage des Evangiles où Jésus est appelé à juger une femme prise en flagrant délit d'adultère montre bien cela. Jésus ne dira que cette phrase : « Que celui d'entre vous qui n'a jamais péché lui jette la première pierre ! » Aussitôt, il va s'étonner de les voir tous partir, à commencer par les plus vieux. Il va dire : « Femme, personne ne t'a condamnée et moi non plus je ne te condamne pas ! » (Jean 8, 1-11). Formidable leçon ! Mais j'avoue que cette injonction à ne pas juger n'est pas toujours très bien respectée dans le monde catholique : quelquefois, il même a fait preuve, sur ce plan-là, d'une dureté impitoyable qui n'est pas digne de Jésus. Je pense aussi que Jésus a voulu donner à la femme une place égale à celle de l'homme, selon l'ordre premier du Créateur. Ce lien d'amour réciproque, à égalité, ne doit pas être rompu : il ne faut pas que la *sclerocardia*, c'est-à-dire la dureté de cœur, sa sclérose, s'introduise dans cette relation bénie de Dieu. Jésus dira également : ce sera finalement au terme d'une lente évolution de toute l'humanité que l'amour de l'homme et de la femme sera élevé à la magnifique dignité que Dieu a voulu lui donner dès le début. Beaucoup ne comprendront pas ou seront incapables de réussir en amour. Certains n'y parviendront qu'après des échecs, douloureusement ressentis par eux et leurs enfants, et lourds de conséquences pour la qualité du lien social ou religieux. Nous le voyons bien dans notre société qui propose plus facilement son aide à ceux qui veulent se séparer qu'à ceux qui veulent dépasser leurs difficultés à vivre ensemble, grâce au pardon et aux réconciliations. Mais il ne faut pas oublier que la première réalité directement humaine que Dieu a créée, c'est la relation amoureuse de l'homme et de la femme. Une réalité inséparable de la personnalité masculine et féminine, une réalité qui répond au désir de susciter d'autres vies, une réalité supérieure même à la relation filiale puisque « l'homme quittera son père et sa mère pour s'attacher à sa femme et devenir avec elle une communion durable d'amour et de vie ».

JS. — Je ne partage pas tout à fait l'analyse d'Alain Mamou-Mani sur l'adultère. Il convient tout d'abord de replacer ce commandement dans la trilogie : Tu ne tueras point et tu ne voleras point. Le dénominateur commun de ces trois paroles nous ramène à la négation de l'autre : je m'approprie sa vie, sa femme et son bien. C'est la même idée. Mais le fondement de l'adultère me paraît ailleurs. On dit dans la tradition juive que l'homme et la femme sont chacun porteur d'une lettre du Nom de D., on dit que Ish et Isha correspondent au *iod* et au *hé* du Tétragramme, YHWH. Donc quand l'homme et la femme sont ensemble, les lettres du Nom de D. sont réunies. Hommes et femmes, dans leur union, sont le premier réceptacle de cette présence divine. La fidélité conjugale procède ainsi du dessein de faire régner D. parmi les hommes, expression qui ensuite est devenue chère aux Chrétiens.

Mais ne peut-on pas concevoir une séparation du couple ?

JS. — Qu'est-ce qu'un couple ? Le Talmud répond : c'est Adam et Eve, dans l'hébreu de la Bible : Ish et Isha. Quand ils étaient seuls au monde, il n'y avait pas d'adultère possible. Au commencement, ils étaient éternels, puis ils ont fauté et sont devenus mortels. Ainsi un amour est par définition exclusif et éternel — sinon ce n'est pas un amour mais une projection de l'amour, insuffisante, inexacte, incomplète. Le problème est de savoir comment réussir à porter en soi la vérité de l'Amour. Il faut remonter au sens de la responsabilité. Ce qui se passe aujourd'hui correspond pour moi au phénomène de déresponsabilisation générale de notre société. Les gens ne se marient plus parce qu'ils ne veulent pas « s'embêter », se créer des complications — ils disent que ça fait des papiers supplémentaires, des problèmes lorsqu'on veut se séparer. Ils vivent à deux pendant des années, ils ont des enfants, mais ils ne prennent pas la responsabilité de se marier, ils ne veulent pas s'engager. Je crois que le mariage est avant tout une forme d'engagement, c'est décider de faire comme D. a fait : Il a pris Seul la responsabilité de faire le monde alors que personne ne le Lui demandait ! Se marier devrait être un acte de liberté et de responsabilité qui nous engage à être plus forts que nos divisions. C'est parfois très facile de se séparer, mais c'est toujours plus difficile de rester ensemble. Le divorce est un constat d'échec qu'il faut assumer (c'est pourquoi nous ne sommes pas contre), mais nous rejoignons les Chrétiens sur la sanctification du mariage qui en hébreu s'appelle *kidoushin*, mot qui vient de *kadosh* qui signifie saint, sacré. Le mariage est donc un engagement sacré qui se double d'un contrat social. C'est pourquoi il faut tout faire pour éviter le divorce. Pour finir, je tiens à vous raconter une histoire qui se trouve dans le Midrach[1].

Un couple vivait à Tyr, au Liban. Il y avait dans cette ville un *rav* qui est très connu encore aujourd'hui et qui s'appelait Rabi Shimon (l'auteur du Zohar, le célèbre livre de la Kabbale juive). Un jour, ce couple vient le trouver pour lui annoncer leur souhait de se séparer à l'amiable parce que leur mariage ne marche pas, parce qu'ils n'ont pas pu avoir d'enfants. Alors le rabbin a la sagesse de leur dire : d'accord, rendez-vous demain au tribunal rabbinique pour rédiger l'acte de répudiation, mais je vous demanderai une chose, vous vous êtes mariés avec une fête, séparez-vous avec une fête, faites un banquet pour célébrer votre séparation. Le couple accepte et ils organisent un petit banquet chez eux ; la femme fait à son mari tous ses plats préférés, ils sortent leurs meilleures bouteilles de vin, et au cours du repas, le mari dit à sa femme : « Ecoute ma chère, comme demain tu retournes chez tes parents et que nous nous séparons en bons termes, je t'autorise à prendre tout ce que tu aimes dans la maison et à l'emmener avec toi chez ton père. » Là-dessus, il boit encore un verre ou deux et il s'endort, et voilà que le lendemain matin, à sa grande surprise, il se retrouve chez son beau-père : sa femme pendant la nuit avait demandé à ses serviteurs

1. Ce terme désigne la littérature rabbinique ancienne qui s'exprime sous forme d'allégories et de paraboles.

de prendre le lit sur lequel il s'était endormi et de l'emporter dans la maison de son père. Alors le mari, étonné, demande ce qu'il fait là et sa femme lui répond : « Hier soir tu m'avais demandé d'emmener avec moi ce que j'aimais le plus et ce que j'aime le plus au monde, c'est toi. » Alors ils sont retournés voir le rabbin qui les a bénis à nouveau et ils ont eu un enfant et ils ont fini leurs jours ensemble ! (*Rires collectifs.*)

Cette histoire a une morale sérieuse : le Talmud dit que quand on divorce, l'autel de D. verse des larmes car D. n'a pas créé le monde pour qu'il échoue, mais pour qu'il réussisse grâce à l'homme et à la femme !

SIXIÈME COMMANDEMENT : « TU NE TUERAS PAS »

C'est le commandement central du Décalogue, celui que les gens citent en premier. Quelle valeur donne-t-il à la vie ?

DB. — Dans l'islam, comme dans les autres religions, nous avons une conception sacrée de la vie, car la vie procède de l'essence divine. Dans le Coran, il est dit aux croyants : « Quiconque tue une vie, c'est comme s'il tuait l'humanité ; et celui qui sauve une vie humaine, c'est comme s'il avait sauvé tout le genre humain » (s. 5, v. 32). A ce propos, les dons d'organes ont bénéficié de ce verset coranique puisqu'ils correspondent à l'intention sainte de sauver et de préserver la vie. On retrouve ici la question de la charité transposée sur le plan de la vie et de la mort. La vie doit être préservée par tous les moyens que Dieu met à notre disposition. Aujourd'hui un grave problème se pose au niveau de la conception de la vie embryonnaire. Avec nos frères juifs, nous sommes très proches sur ces questions. Le Prophète a affirmé que l'être humain est soumis à trois cycles de trente jours et qu'au bout de cent vingt jours Allah insuffle la vie dans l'embryon, mais d'autres juristes estiment que la vie commence dès la fécondation de l'ovule. La vie, dans le Coran, relève du domaine du sacré mais aussi de la loi : il est illicite et illégal de porter atteinte à la vie.

JCT. — Le Christ a clairement rappelé cette parole : tu ne tueras pas. Elle illustre merveilleusement une certitude fondamentale : la seule chose que tu ne t'es pas donnée et que tu ne pourras jamais te donner, c'est la vie, l'existence. La vie est conçue comme quelque chose de sacré qui vient d'ailleurs, que personne ne peut ni se donner à lui-même ni s'ôter. Car la question du suicide est aussi là : tu ne te détruiras pas ! Au contraire, tu développeras ta vie, et Dieu t'a même constitué de telle façon que tu puisses « donner la vie », procréer pour participer à la Création. Le Christ élargit cette perspective : Je suis venu pour qu'ils aient la vie et qu'ils l'aient en abondance. Tuer quelqu'un, c'est très exactement s'arroger le droit contraire, celui de décider que quelqu'un n'a plus le droit d'exister : il en découle, pour nous Chrétiens, l'interdiction fondamentale du meurtre et de l'avortement. Personne ne peut décider que l'autre n'a pas le droit de vivre. Qui est l'autre ? L'autre est, comme moi, un être humain ; d'où la question suivante : à partir de quand est-on un être humain ? Le débat existe aussi chez les Chrétiens, mais la plupart disent : dès lors que l'embryon est constitué, est programmé en lui tout ce qui deviendra un être humain. Il est bien difficile de dire si cela commence deux jours après, dix jours après... Par sécurité, dès que l'on constate l'existence de ce qui va devenir un être humain, le « tu ne tueras pas » devient une règle de protection de la vie. Tu n'es plus maître de « cela », ce n'est plus toi ni une partie de toi, c'est quelqu'un d'autre que toi : respecte-le ! Le deuxième problème que soulève ce commandement concerne la fin de la vie. Qu'est-ce qu'un être humain quand il a perdu la mémoire, la faculté de se déplacer, de parler, de communiquer ? Mais là encore, le principe demeure : tu ne te feras pas juge de la fin de vie de quelqu'un délibérément, tu renonceras à ce qu'on appelle d'un beau nom, l'euthanasie.

Ce commandement ne tolère donc aucune exception ?

JCT. — Je ne pense pas. Bien au contraire, je crois que c'est une occasion, pour chaque être humain qui entend cette parole immémoriale, de se poser la question de son désir de pouvoir absolu, du vertige de puissance qui l'habite intérieurement. Ceci explique certains films odieux dans lesquels le meurtre est élevé à cette démonstration de puissance et de bravoure ! On y tue des êtres humains avec frénésie et jubilation exterminatrice. C'est du cinéma ? Bien sûr et chacun sait qu'on ne tue pas les acteurs. De même pour les jeux... d'enfants qui peuvent s'initier aux massacres virtuels réussis. Mais de quoi est-ce le signe ? D'une pulsion de mort, d'une culture de mort qui donne le vertige et l'illusion de la puissance à tous ceux qui y participent ou qui s'y laissent prendre. Notre société ne peut pas survivre à des gens qui s'octroient une telle apparence de gloire au mépris de la vie. Mais le meurtre s'esquisse et prend corps avant l'extermination physique d'autrui. Il existe en germe dans la décision de déposséder l'autre de ses biens, de sa réputation, de sa dignité. C'est pourquoi Jésus se montre rigoureux contre ces germes meurtriers.

Il demande de dialoguer avec l'autre, lui parler, pour qu'enfin l'homme soit libéré de son envie de tuer et prenne la route de la réconciliation avec autrui et avec lui-même. Il ne sera plus question de vengeance et de règlements de comptes violents — l'homme s'ouvrira au pardon. Car, s'il n'y a qu'une seule chose à retenir de cette parole à la fois simple et sublime, c'est l'idée que le pardon peut seul désintégrer le désir de meurtre : pardonner, c'est accéder au sommet de l'humanité.

JS. — Oui, l'homme qui tue devient inhumain, parce qu'il tue l'image de D. Chaque être humain contient une particule de la divinité. Toute image de l'autre renvoie à la conception que j'ai de D. et c'est pourquoi nous considérons que la pire des abominations est de tuer au nom de D. Aujourd'hui il faut avoir le courage de dire que les religions réprouvent les crimes qu'elles ont pu commettre par le passé. Il faut affirmer haut et fort qu'aucune religion ne peut accepter le crime pour D. parce que ce serait une contradiction abominable.

JCT. — Ce que vous dites, monsieur le Grand Rabbin, est une vérité absolue. On a pu perdre le sens même de ce qu'on prétendait annoncer et promouvoir lorsque les tribunaux de l'Inquisition ont accepté et décidé de contraindre des personnes à honorer Dieu par la torture et les bûchers ! Ce n'était pas Dieu qu'on honorait, mais une soif de domination faussement religieuse. On a fait ainsi la promotion inconsidérée d'un dieu antihumain, un anti-Dieu ! Les dégâts produits sur les esprits se sont transmis comme une immense onde de choc depuis des siècles jusqu'à notre génération.

JS. — Tuer au nom de D., c'est donc tuer deux fois. Le sang qui coule est toujours rouge, il doit inspirer la même horreur, le même refus — et aujourd'hui, les morts chimiques sont encore plus insupportables car on ne se rend même plus compte que l'on a tué. Mais il y a plus grave encore : c'est la banalisation du crime. J'ai pu voir dernièrement des jeux vidéo, des enfants de cinq à six ans y jouaient : cruauté, violence inouïe, des cadavres ensanglantés de toutes parts. Pour ces gosses, la vie humaine est devenue un jeu ! C'est beaucoup plus grave, car l'homme qui ne comprend plus ce que c'est que tuer l'autre se tue lui-même. Il faut pousser un cri d'alarme. Il faut maintenir, contre la quantification de la vie et de la mort dans de froides statistiques au journal de vingt heures, qu'en ce qui concerne le vivant un égale l'infini !

Mais que pensez-vous des problèmes que nous venons d'évoquer : avortement, euthanasie ? L'interdiction de tuer n'est-elle pas une utopie ?

JS. — Il ne faut pas occulter ces problèmes. Mais je maintiens qu'une civilisation qui n'a pas d'utopie n'existe plus. Si on ne voit pas très haut, on ne voit pas devant soi. Si on n'arrive pas à bâtir une civilisation qui a des idéaux élevés, alors on ne parviendra même pas à construire notre vie de tous les jours. Quant aux questions que vous avez soulevées, elles concernent des cas où on pourrait enfreindre légitimement le commandement de ne pas tuer. Ce sont là de graves questions. Il faut parler par exemple de la légitime défense qu'évoquent nos textes, elle peut être considérée comme l'ultime recours à la protection de sa vie. Car il faut être cohérent : la limite de la vie d'autrui, c'est la mienne. Si je n'ai pu éviter de tuer pour me protéger, alors le meurtre est en quelque sorte « moralisé » tout en sachant qu'il reste malgré tout un crime. Un rite juif veut que pendant la fête de Pâque, de *Pessah*, on ne dise pas les prières de louanges en entier, parce que des

Egyptiens sont morts noyés dans la mer. C'est un enseignement extraordinaire : « Ne te réjouis pas de la chute de ton ennemi », dit le verset des Proverbes. Mais il est vrai que certains hommes ne reflètent plus l'image de D. : dès lors méritent-ils encore de vivre ? Quelqu'un qu'on appelle en hébreu un *racha*, un impie, quelqu'un comme le fondateur du Troisième Reich, quelqu'un qui peut prendre des enfants et les jeter en l'air pour tirer sur eux avec une mitraillette, je me demande si le tuer, l'empêcher de faire du mal, ne peut pas devenir un commandement. Quant à la question de l'IVG, le Talmud est tout à fait clair : la période légale est de quarante jours, c'est le moment où l'âme apparaît dans le corps de la femme. Cela étant, il est vrai que l'avortement n'est pas assimilé à un homicide. Cela signifie que quelqu'un qui commettrait un IVG n'est pas un criminel au sens légal du terme. Mais c'est un acte totalement répréhensible et il faut réaffirmer l'importance de la vie humaine à l'état fœtal, potentiel. Dans notre tradition, nous pouvons comprendre que certaines personnes en arrivent à cette extrémité mais nous sommes fondamentalement opposés à cette pratique.

En quoi les progrès de la science menacent-ils la culture ?

AMM. — Le sixième commandement pose le problème de la science. On a vécu au XXe siècle une sorte d'apocalypse, ce moment dans l'histoire de l'homme où l'on est arrivé à une industrie de la mort. Quand la mort devient industrielle, on assiste non seulement à la mort de millions d'hommes mais aussi à celle de l'idée même d'humanité. Auparavant la mort était une question d'individus, un énorme tabou, maintenant c'est une mort massive et banalisée qui est relayée chez nous par les médias, le cinéma, la télé et même les jeux vidéo dans lesquels on apprend à tuer par bravoure. Ce n'est plus simplement un exorcisme, le meurtre n'est plus honteux. Il faut donc, contre l'atmosphère ambiante, « redramatiser » le respect de la vie.

JCT. — Avec tous les moyens actuels et les possibilités du virtuel, on laisse s'infiltrer une idée-réflexe : un être humain qu'on tue sur un écran, qu'on fait revivre et repartir vers une nouvelle mort, ce n'est plus rien. Et bientôt (ou déjà), un être humain réel, marchant dans la rue, sera considéré de la même façon, comme une présence virtuelle. Les nouvelles technologies sont remarquables, mais elles doivent susciter un surcroît d'intelligence et de sagesse chez ceux qui les emploient. Sinon, tout le monde peut être « descendu » sous nos yeux sans que cela nous choque ! Et l'humanité, virtuellement bonne, deviendra réellement perverse.

Mais il existe aussi une bonne utilisation de la technologie dans le domaine médical.

AMM. — Oui, mais là encore, nous devons fixer des limites, notamment dans le domaine des manipulations génétiques. Autant je suis partisan des recherches sur le génome humain, car la compréhension des gènes est importante pour soigner les maladies et comprendre pourquoi il y a des problèmes héréditaires qu'on peut annuler en intervenant directement sur l'ADN, autant je milite pour instaurer une sorte de tabou concernant les OGM et la sélection des gènes pour l'embryon. J'attends des religions quelque chose de très important : d'une part la condamnation de tous les systèmes de mort industrielle comme le Grand Rabbin l'a précisé et celle des guerres de religion, mais d'autre part l'interdiction aux hommes de science de cloner et manipuler des gènes humains, car on risque la disparition de toute l'espèce humaine !

DB. — Il s'agit aussi d'interdire le fameux brevetage du génome qui deviendrait une propriété commerciale et une puissance financière inouïe.

JCT. — Il faudrait mettre au jour ce commandement en rajoutant : « tu ne transformeras pas l'homme », ni le projet divin. Tu ne créeras pas un nouveau type d'homme par les manipulations génétiques ou l'eugénisme qui est un premier pas dans l'élimination sélective. Car on peut aussi éprouver ce sentiment de puissance dont j'ai parlé à propos du meurtre dans un laboratoire médical ou scientifique. Le chercheur en éprouvettes a l'air gentil, inoffensif, il paraît créateur, bienfaiteur de l'humanité. Or il a les moyens de se transformer sans qu'on s'en aperçoive en destructeur d'une humanité qui finalement ne marche pas si mal que cela. Mais quel pouvoir politique ou religieux peut influencer efficacement la conscience de chacun ? Seule la sagesse commune, collectivement respectée, fondée sur la capacité d'anticipation des résultats, peut s'avérer efficace. C'est d'ailleurs, j'en suis convaincu, le sens profond des commandements de Dieu. Ils indiquent la direction qui est bonne pour tous : ils interdisent ce qui fait sombrer l'homme dans l'inhumain, immédiatement ou à long terme.

ACTE 2

La confirmation de l'éthique

CINQUIÈME COMMANDEMENT : « HONORE TON PÈRE ET TA MÈRE... »

Le cinquième commandement nous confronte à nos racines. Qu'est-ce qui se manifeste pour l'homme dans le respect des parents ?

RECTEUR DALIL BOUBAKEUR. — Le Coran reprend la prescription divine de respecter père et mère dans des termes très clairs : « Marquez de la bonté envers les père et mère [...], par miséricorde, abaisse pour eux l'aile de l'humilité et dis : "O mon Seigneur, fais-leur, à tous deux, miséricorde comme ils m'ont élevé tout petit" » (s. 17, v. 23-24). Le respect des parents a, dans l'islam, une valeur théologique et le caractère d'une obligation sacrée : il faut que les enfants reconnaissent ce que les parents leur ont donné, leurs sacrifices et leurs efforts. Nous concevons la cellule familiale comme une micro-société, une micro-communauté avec des rôles bien définis pour chaque membre. Chacun peut prendre le relais et intervenir dans l'éducation des enfants. Ainsi le Prophète de l'islam, qui a été orphelin très jeune, fut confié à une nourrice, repris par son grand-père, puis par son oncle. La chaîne familiale peut s'étendre à l'infini, elle n'est jamais interrompue. L'enfant a donc la certitude de ne pas être abandonné mais il doit reconnaissance à ceux qui se sont occupés de lui. Outre l'aspect théologique, il y a la notion de dette envers ses parents que Lacan a substituée au complexe d'Œdipe freudien. Cette rationalisation du lien parental montre bien qu'il n'y a pas d'élément relatif dans la structure familiale : la dette, consciente ou inconsciente, est vraiment universelle. Il s'ensuit, je pense, que la suppression de cette notion est très dangereuse pour nos sociétés : la reconnaissance envers le père et la mère est essentielle. On n'a nul besoin de « tuer le père » pour passer de l'enfance à la maturité. Pour nous le père, dans le cadre de la patrilinéarité (et non d'un quelconque patriarcat), est responsable de l'éducation morale et religieuse. Nous avons une conception sacrée de la famille et de l'autorité paternelle qui malheureusement se perd souvent dans le contexte de l'immigration.

RABBIN JOSEPH SITRUK. — Tout à fait. On n'a pas non plus le droit de perdre ses origines, de vivre en déraciné. Notre texte est tout à fait clair sur ce sujet. Le Décalogue est écrit sur deux Tables : la première contient les commandements qui font référence à D., la seconde ceux qui sont dirigés vers l'homme. On pourrait légitimement se demander ce que fait ce commandement concernant les parents sur la Table de D. C'est que le respect des parents est nécessairement en rapport avec nos origines. Il est la réponse à la fameuse question philosophique : d'où viens-je ? Un homme équilibré est d'abord un homme qui connaît ses origines. Le Talmud nous dit : trois associés participent à la naissance d'un être humain — le père, la mère et le Créateur. Les parents donnent le substrat matériel et D. apporte l'âme. Je leur dois donc un respect équivalent et inconditionnel. Mais dans le même texte où il est question des devoirs des enfants, le Talmud attribue aussi des droits imprescriptibles aux enfants. L'enfant a ainsi *droit* à une éducation ; par exemple le père doit lui apprendre à nager, et la nage symbolise ici l'image de la survie, les moyens de se défendre dans la vie.

ALAIN MAMOU-MANI. — Un proverbe africain dit : « Lorsqu'un vieil homme meurt, c'est une bibliothèque qui brûle. » C'est un enseignement pour les jeunes, l'indication qu'il y a chez nos aînés une source de sagesse et de savoir qui ne demande qu'à couler et à occuper l'espace du futur. Le slogan de la BNF, « La mémoire du futur », évoque d'ailleurs ce commandement et suggère cette nouvelle formulation : « Souviens-toi de ton futur ! » Il n'y a pas de bonne conservation des connaissances sans transmission du savoir. Il faut en effet tout faire pour consolider le chaînon qui relie les générations. Toute la résistance d'une chaîne est concentrée dans la force de son chaînon le plus fragile. Le dernier-né qui prend la tête du grand serpent de la vie, du grand ADN cosmique — voilà celui que nous devons protéger. Il est de notre devoir que les générations futures soient bien dans leur peau et sur leur planète. Mais il faut s'en donner les moyens : il faut donner des ordres, guider les jeunes, leur permettre de se repérer, leur apprendre ce qu'on a soi-même appris.

Quel rôle joue la question des origines dans l'histoire du Christ ?

MGR JEAN-CHARLES THOMAS. — Les Evangiles abordent clairement cette « origine » ou « genèse » de Jésus de Nazareth, fils de David... fils d'Abraham... fils d'Adam... fils de Dieu (Matthieu 1 et Luc 3, 38). Ils y introduisent quatre mères : une femme victime de l'onanisme et qui coucha avec son beau-père, une prostituée qui accueillit les premiers Hébreux, une étrangère, une qui commit l'adultère avec David, et enfin Marie, « de qui est né Jésus ». Ils nous donnent ainsi plusieurs enseignements : la mère compte autant que le père, la femme autant que l'homme. Nos ascendants furent divers, multiples, jamais parfaits et nous ne devons pas rougir d'eux : chacun de nous est enfant de Dieu et nos parents ont, pour ainsi dire, coopéré avec lui. Telles sont nos racines et nous devons en prendre conscience. Chercher à connaître sa mère et son père, c'est inné, quelles que soient les découvertes que cela amène, heureuses ou désolantes. Respecter son père et sa mère, c'est indispensable et les déshonorer c'est manquer de reconnaissance, de réalisme, de justice puisqu'on leur doit au minimum l'existence et un bon lot d'amour reçu, d'attentions et d'éducation. Honorer ses parents, c'est indissociablement honorer l'auteur de la vie humaine : Dieu. Vous le disiez, monsieur le Grand Rabbin, ce commandement se trouve sur la Table de la Loi qui concerne Dieu. Du même coup, lorsque l'homme et la femme deviennent père et mère en donnant la vie, ils doivent assumer cette responsabilité... à la manière de Dieu. Les Prophètes nous disent que Dieu a élevé son fils chéri, le Peuple d'Israël, sur ses genoux, avec un cœur de père et des entrailles de mère, utilisant la réprimande et la bonté pour faire grandir son fils chéri. Jamais il ne l'a abandonné. Toujours il a espéré et attendu son retour après les pires frasques. Jésus nous le redit dans la parabole superbe du père qui avait deux fils mais qui avait bien du mal à se faire reconnaître et aimer de ses deux enfants (Luc 15). En inventant cette histoire symbolique, Jésus montrait à quel point, pour sa part, il était « bien dans sa peau » d'homme, de fils de Marie, de Fils de Dieu, d'enfant élevé avec amour par une femme et un homme mariés ensemble, qui s'aimaient et vivaient selon la Tora. Aussi Jésus voulait-il que les adultes respectent les enfants, ne les fassent pas chuter par des atteintes graves à leur dignité ou à leur intégrité : ce que nous appelons les scandales. Nos générations, en tout cela, ont ample matière à réflexion et à progrès pour mieux conjuguer amour, couple, transmission et respect de la vie, éducation du petit d'homme et ouverture à une fraternité universelle.

Mais est-ce l'éducation qui doit inculquer aux enfants cette notion de respect ?

AMM. — Il faut séparer le respect et l'éducation : il y a des gens très bien éduqués qui ne respectent personne et des gens respectueux qui ne connaissent pas exactement les usages de la politesse. Le respect est donné par le modèle que la famille incarne. Il faut un environnement respectueux. Je crois que les parents doivent enseigner plus qu'« éduquer » avec des principes sévères. En définitive, le respect doit devenir contagieux, il doit se communiquer au sein de la société pour qu'elle reste viable.

DB. — Oui, l'éducation est un élément clé pour l'avenir de nos sociétés. Il faut dire à nos enfants qu'ils deviendront naturellement le soutien de leurs parents quand ceux-ci seront à la retraite et qu'ils doivent également se préparer à être eux-mêmes des parents attentifs et responsables. Mais aujourd'hui les liens se dissolvent entre les deux parents, et encore plus entre parents et enfants. La famille n'est plus une totalité organique ou une organisation, ses membres sont devenus égoïstes, il n'y a plus d'unité affective. La famille aujourd'hui est devenue une addition, une juxtaposition des parties.

Mais le lien familial ne doit pas être une association prolongée pour des raisons économiques, ce que le PACS a encore aggravé. Aujourd'hui, on ne se marie plus que pour le meilleur !

Existe-t-il un modèle catholique concernant l'éducation des enfants ?

JCT. — Je pense qu'il y a de grandes valeurs à promouvoir dans tous les « modèles éducatifs » qui représentent des dosages de valeurs adaptés à une époque ou à un environnement humain. Parmi ces valeurs je nommerais : apprendre à respecter la Création, l'aptitude à vivre en tenant compte des autres, en les regardant, en essayant de les comprendre, la conviction que l'autre est différent, qu'il en a le droit, et que sa différence n'est pas une agression contre nous mais un enrichissement possible. Bien sûr, il faut absolument développer le sens de la responsabilité : tu dois endosser les conséquences de tes actes, de tes idées et accepter d'être déclaré coupable s'ils ont causé des dommages et participer à la réparation des dégâts que tu as causés, qu'ils soient financiers, physiques ou moraux. Tout cela suppose une bonne dose d'attention à notre conscience, ce que j'appelle volontiers « la voix de Dieu » en nous. Tout le monde a une conscience. Lorsqu'en plus elle est « dopée » par la confiance et la foi en Dieu et ce qu'il nous dit (ce qui est le propre d'une éducation religieuse), elle devient la tour de contrôle qui régule nos relations : cela évite bien des accidents. Mais si le contrôleur est endormi ou si on n'en a jamais installé au poste de veille, gare aux accidents ! Tous n'écoutent pas leur conscience, certains en nient même l'existence ; ils réduisent la personne à un amas de cellules qui se contentent de réagir matériellement aux impulsions extérieures. Cette conception de l'être humain me semble peu et mal fondée : en outre, elle véhicule et finalement justifie des comportements souverainement irresponsables qui se dégradent en comportements aberrants. Alors, l'homme devient un loup pour l'homme, mais un loup supérieurement intelligent et capable de multiplier ses capacités d'agression et de nuisance. Elevons donc des personnes et non pas des loups ! Tout humain a des géniteurs, chacun a droit à ce qu'ils soient aussi des parents éducateurs.

Pourquoi, dans le Texte, la conséquence de ce respect doit « prolonger nos jours sur la terre » ?

JS. — Cela signifie que les jours « s'allongent », c'est-à-dire que le même temps « contient » davantage. Chacun d'entre nous a constaté dans sa vie que certains jours sont plus productifs que d'autres, que certaines vies sont plus riches que d'autres pour la même durée. C'est cela la « longueur » des jours dont parle le texte biblique. Mais je voudrais conclure sur ce commandement en répondant à votre question sur l'origine du respect et en rappelant un point capital de l'exégèse biblique. Nos sages disent que le respect des commandements divins n'est pas spontané chez l'homme mais que celui-ci doit s'y soumettre. Ainsi, le respect des parents n'est pas naturel. Bien avant la psychologie moderne, les sages affirmaient qu'un enfant n'accepte pas les ordres de ses parents parce qu'il ne les supporte pas ! Pourtant il viendra tôt ou tard au constat que ses parents sont ses géniteurs, ses racines voire son équilibre. D'où le rôle fondamental des parents qui doivent rassurer l'enfant qui se trouvera ainsi sécurisé par leur autorité. Enfin l'honneur dû aux parents n'est pas fonction de leurs qualités : il est inconditionnel. Voilà pourquoi, placé sur la même « table » que les commandements à l'égard de D., ce cinquième commandement procède de la même logique de soumission.

QUATRIÈME COMMANDEMENT : « TU RESPECTERAS LE JOUR DU SABBAT »

Pourquoi avons-nous besoin de ce jour d'inactivité ? Pourquoi s'agit-il du dimanche pour les Chrétiens ?

JCT. — Nous avons besoin du sabbat : ce n'est pas Dieu qui en a besoin. Dieu nous demande de faire comme lui, travailler six jours et chômer un jour sur sept. Sinon, nous devenons des machines à production sans âme, qui ne savent plus distinguer la matière et l'être, ce qui passe et ce qui demeure, le bien ou le mal. On voit bien les effondrements psychologiques que produit l'entrée en retraite professionnelle chez ceux qui ont identifié existence et travail, production et vie de la conscience. Ils ont l'impression de n'être plus rien, de n'avoir plus aucune valeur. Ceci n'est pas sans répercussion sur l'amour et la capacité de rester ensemble : si on divorce de plus en plus à l'âge de la retraite, c'est parce qu'on n'a pas suffisamment développé, un jour sur sept au moins, la vie commune, la relation, le dialogue. Le sabbat évite ces amputations d'une dimension constitutive de toute personne : le retour à l'intérieur, le recul, la vérification de ce que nous sommes en train de devenir. Jésus a respecté et mis en relief cette dimension du sabbat pour l'homme : il a guéri, il a pardonné, il a libéré de démons intérieurs, il a réinséré des exclus dans la société, redonné la vue à un aveugle, y compris des jours de sabbat, et même, de préférence, un jour de sabbat. Autrement dit, ces jours-là, il a donné priorité à tout ce qui fait du bien à l'être humain, à sa capacité de réflexion et de vision des réalités invisibles, à son besoin de se libérer de tout esclavage intérieur. Voici les valeurs à promouvoir le jour du sabbat pour en bien respecter la raison d'être. A ceux qui l'interpellaient sur ces « travaux » interdits, il a rétorqué : « Le sabbat est fait pour l'homme et non pas l'homme pour le sabbat » (Marc 2, 27-28), et encore : « Le fils de l'homme est maître du sabbat » (Matthieu 12, 8). J'aime cette manière courageuse de concevoir le sabbat comme jour prioritairement réservé au développement humain et non pas seulement interdit de travail. Jésus est également ressuscité un lendemain de sabbat, comme s'il était entré dans une dimension d'existence définitive au bénéfice d'un repos total dans la tombe, au jour du sabbat. Ce jour, que le latin — puis le français — a appelé le *dies dominicalis*, le dimanche, jour du Seigneur, représente pour le Chrétien un jour de résurrection, de régénération intérieure, de rencontre avec Dieu et les autres pour méditer les Ecritures et faire eucharistie, c'est-à-dire rendre louange à Dieu pour toute son œuvre de Vie en nous. Le dimanche rythme ainsi l'existence chrétienne, il lui redonne souffle et espérance, il anticipe le « repos éternel » où l'humanité sera rassemblée avec Dieu. C'est une manière de penser que nous allons vers un Jour nouveau et sans fin, qu'on peut déjà appeler le *huitième jour*. C'est ce jour éternel que l'on prépare chaque dimanche. Voici pourquoi l'Eglise du Christ insiste, depuis longtemps, pour que le dimanche soit sanctifié, en rapprochant le pécheur du Dieu saint.

Même si ces idées ne sont pas reconnues par ceux qui ne partagent pas la foi chrétienne, elles peuvent, du moins, servir de repère pour que l'homme ne passe pas toute sa vie sans prendre conscience de ce qu'il est appelé à vivre éternellement — quand le travail aura cessé, quand l'économie ne sera plus nécessaire, quand les yeux se seront fermés à la lumière du soleil.

Quel est ce jour pour les Musulmans ?

DB. — Les Musulmans reconnaissent le sabbat, c'est-à-dire le samedi des Juifs, puisqu'il est le dernier jour chômé de la semaine. Mais le vendredi est pour nous le jour sacré du rassemblement, c'est le jour de l'*ecclésia*, de l'assemblée. Ce jour est consacré à l'attente de la prière solennelle (la *Salat*) qui a lieu au milieu du jour. Il n'y a pas de travail, c'est un jour de rencontres et de prières consacrées à Dieu. Mais la prière reste très profondément individuelle, même si son expression est collective. Elle est toujours ponctuée d'invocations personnelles et intimes. A la différence des Chrétiens, l'imam qui prononce la prière pour tout le monde n'a aucun rôle sacerdotal.

Il existe plusieurs versions de ce commandement dans la Bible. Quelles sont les différentes justifications du sabbat dans la Tora ?

JS. — La Tora nous dit que D. a créé le monde en six jours, et que le septième jour Il s'est arrêté — si bien que l'expression « septième jour » n'apparaît pas dans la relation de la Genèse. Ainsi le septième jour n'est jamais terminé. Les six jours de la Création peuvent durer des milliers ou des millions d'années. Mais, à partir du septième jour, le Talmud nous dit qu'il va s'écouler six mille ans pendant lesquels D. n'interviendra plus dans le monde en tant que Créateur (sauf à deux reprises lors de la sortie d'Egypte et du don de la Tora à Moïse).

L'homme peut croire ou pas en Lui, il peut également rêver de devenir le maître du monde. Mais la présence simultanée dans le monde de D. et de l'homme est impossible !

Cela dit, le shabbat est le jour fondamental du judaïsme. La pratique du shabbat donne lieu à la prière du vendredi soir, le *Kiddoush*, qui fait référence à deux choses : la Création du monde et la sortie d'Egypte, à un D. Créateur et à un D. Providence. Les deux versions du Décalogue (Exode 20, 8-11 et Deutéronome 5, 12-15) évoquent d'ailleurs ce double aspect de D. Ce jour-là, l'homme, en hommage à la Création et au retrait de D. qui lui laisse le champ libre, cesse d'utiliser sa capacité créatrice : on n'écrit pas, on n'allume pas de feu.

Quelle est la définition d'un « acte créateur » ?

JS. — C'est réaliser sa volonté dans un acte qui transforme la matière ou un état de fait. Ainsi, l'usage de toute machine (à écrire, à laver...) et de tout moyen de transport sera prohibé. Le monde du shabbat est un monde sans déplacement et surtout sans stress ! Je ne suis jamais aussi détendu dans la semaine que le jour du shabbat, car j'ai l'impression d'avoir terminé quelque chose. Je me détache de tous les instruments technologiques qui m'asservissent dans ma vie quotidienne : ordinateur, fax, téléphone. Enfin, le vendredi soir je suis sûr de retrouver ma famille autour du repas. Des gens sont devenus religieux uniquement par le shabbat. Et moi-même, je me suis tourné vers la religion grâce à la prière du vendredi soir que ma grand-mère avait demandé à mon père, qui n'était pas particulièrement observant, de respecter à la maison. Le shabbat incarne à mon sens la religion juive, c'est le jour où l'âme juive passe à travers le monde. Et le Talmud dit : plus que les Juifs ont gardé le shabbat, le shabbat a gardé les Juifs ! De plus, la très belle tradition talmudique nous précise que chacun reçoit un supplément d'âme le jour du shabbat. Donc on ne fait pas que se « reconstituer » : on accède également à une nouvelle identité. Savoir qu'il existe une autre facette dans notre personnalité me paraît très exaltant. Plus qu'un ressourcement, il s'agit d'un nouveau départ dans la vie, et ce, chaque semaine !

Le sabbat biblique peut-il avoir un lien avec les réflexions et les législations actuelles sur le droit du travail ?

AMM. — En tant que chef d'entreprise, je respecte moi aussi cette journée de relaxation. On ne peut pas travailler sept jours sur sept, vingt-quatre heures sur vingt-quatre. Nombre de mes collègues sont drogués au travail, je les appelle d'ailleurs des *work-alcoholics*. A force de labeur, ils deviennent souvent asociaux, ils perdent le contact avec les réalités de la vie. Je suis pour la réduction du temps de travail... inutile ! Je pense que les employés et les cadres ne sont pas efficaces tout le temps. Or, aujourd'hui, on est en permanence au travail. Les temps de création et d'inactivité ne se succèdent plus régulièrement. Il est donc important qu'il y ait un jour de repos, quel qu'il soit, pendant lequel on puisse pratiquer quelque chose de différent qui permet de se changer les idées : aller à la campagne, faire du sport... On peut alors se remettre au travail avec le sentiment d'être plus efficace. Il faut que la force de travail se régénère. Je m'oppose à la dictature du surtravail, ce qui me vaudra peut-être les critiques de mes collègues chefs d'entreprise. Mais j'ajoute que ce que je veux pour moi, je le veux aussi pour mes salariés. Car il y a aussi un problème d'inégalité face au loisir qu'il faut régler très vite. Nous devons donner à tous les travailleurs la possibilité de se rencontrer en dehors de la compétition des heures de bureau. Nous gagnerions tous à ce que ce septième jour favorise le travail associatif, l'engagement personnel de l'individu dans la vie de sa cité, ou pourquoi pas le « droit à la paresse » dont Lafargue, le gendre de Marx, faisait l'apologie. Mais le travail reste vital pour l'homme ; rien ne serait plus dramatique pour l'humanité que le repos perpétuel !

DB. — Oui, le loisir est nécessaire à l'homme, à l'image du muscle cardiaque qui alterne contraction et repos. La nature humaine doit donc respecter le repos. Dans le Coran, l'homme est appelé très souvent à cesser le travail et l'action pour se plonger dans une phase de réflexion et de méditation. Il y a peut-être cent cinquante versets concernant l'action, mais il existe sept cent cinquante invitations à contempler l'œuvre de Dieu. La connaissance s'acquiert par un peu d'action et beaucoup de réflexion. Le temps d'intégration intellectuelle est plus important que toutes nos actions et le repos est le moment privilégié de la réflexion sereine. C'est en cessant toute activité que l'on peut enfin voir le monde, découvrir les astres, se mettre au diapason de la grande unité du monde. Pour cela, il faut « suspendre notre vol » pour reprendre l'expression de Lamartine. Il existe d'ailleurs une vraie attitude romantique dans la poésie musulmane qui chante la nostalgie du temps qui passe. Le tempérament arabo-musulman est finalement assez mélancolique ou nostalgique. Bref, le repos est cette disposition mentale de l'homme qui permet à l'homme de s'ouvrir à l'infini... et de se faire poète !

Quelle contribution les catholiques ont-ils apportée sur les questions sociales, les conditions de travail et d'existence ?

JCT. — Depuis plus de cent ans les responsables de l'Eglise catholique, papes et évêques de multiples nations, ont écrit de très nombreux textes. Deux grandes idées sous-tendent leurs déclarations. La première : la personne humaine, et donc, la communauté humaine en son ensemble, doit être la vraie bénéficiaire de l'activité humaine. Tout ce qui humilie, dégrade, épuise, déshumanise les personnes doit donc être dénoncé et changé. Ceux qui réfléchissent aux conditions de vie pour les améliorer, ceux qui imaginent d'autres rythmes de travail, une meilleure lutte contre la pauvreté ou les injustices dans la répartition des richesses créées par l'industrie et le commerce, tous sont dignes d'approbation : ils concourent au bien commun de l'humanité. Seconde idée : chaque Chrétien se doit de vivre et d'appliquer ce qu'il croit. Chacun sera jugé sur la manière dont il aura accueilli, respecté, aidé, soutenu, participé à la qualité des personnes humaines. Ainsi, celui qui dirige doit le faire pour que le maximum de personnes se sentent associées, reconnues, invitées à un développement. Celui qui apporte son travail doit bénéficier d'équipements et de méthodes qui évitent l'épuisement et lui donnent la satisfaction de faire de mieux en mieux. Celui qui apporte ses capitaux doit penser qu'il les met au service des personnes, de l'emploi, des progrès techniques, au lieu de se comporter en usurier qui exige toujours de plus grands rendements. Ces deux grandes idées ont mobilisé des laïcs chrétiens qui ont lancé des syndicats, des associations de consommateurs, des logements sociaux ou des placements bancaires à but humanitaire, des semaines sociales, des organismes de lutte contre la misère et l'exclusion, etc. Les formes de cet engagement dans les réalités temporelles n'ont cessé d'évoluer : mouvements d'action catholique spécialisée pour les mondes ouvrier, rural, indépendant ou professionnel, associations contre la torture ou la peine de mort, Secours catholique et comités contre la faim, participation aux grandes actions internationales comme la promotion de la remise de la dette en faveur des pays incapables de rembourser, défense des immigrés ou des demandeurs d'asile politique.

De plus en plus, ces idées circulent au plan international entre les Eglises chrétiennes locales. C'est l'une des grandes caractéristiques de l'Eglise catholique d'être implantée partout dans le monde et d'éprouver en elle-même les questions de la mondialisation. Etant depuis longtemps une « société internationale », elle expérimente les difficultés et les solutions qui permettent de mieux vivre les relations entre Nord et Sud, Est et Ouest, riches et pauvres, pays opprimés et pays de totale liberté, sans oublier les multiples cultures et rapports avec d'autres philosophies ou religions. Certes, elle ne le fait pas toujours avec bonheur, et on ne se prive pas de lui dire — parfois bruyamment. Mais elle a bien l'intention de garder les pieds sur terre et d'investir ses énergies au bénéfice de l'homme, puisque Dieu n'a pas honte d'aimer l'homme et de vouloir son bien.

ACTE 3

L'homme seul face à un Dieu unique ?

TROISIÈME COMMANDEMENT :
« TU NE PRONONCERAS PAS LE NOM DE DIEU EN VAIN »

Cette parole n'est pas toujours évidente à comprendre et facile à appliquer. Quelle est sa valeur et son importance dans le judaïsme ?

RABBIN JOSEPH SITRUK. — Le lieu de rencontre entre l'homme et D. est incarné dans la parole. La parole est immatérielle et pourtant elle est le fruit de la matière, elle est l'expérience limite entre la matière et la spiritualité comme la flamme est à la limite du concret et de l'abstrait. Par le biais de ce commandement, on doit se rappeler que D. est à la fois une essence que je ne comprends pas et une présence qui ne dépend que de moi. Je ne connais D. qu'à travers son Nom, le Nom qu'il donne à Moïse lors de l'épisode du Buisson ardent. Pour nous, « Je Suis Qui Je Serai », c'est l'équation divine. Celui qui va respecter le Nom de D. ne dira jamais n'importe quoi, pour le simple plaisir de parler. L'homme apprend, à travers la sacralité du langage, à respecter sa parole qui est aussi importante que ses actes.

Dire les choses en vain, c'est mépriser l'importance de la parole, c'est fatalement enfreindre le neuvième commandement dont on a déjà parlé. L'efficacité d'une prière dépend essentiellement de l'importance que l'homme attache à ses propres mots. Prier est donc une pédagogie du verbe qui commence avec le respect de l'interlocuteur : D. Le respect du Nom de D. est également valable pour le nom de l'homme : on ne doit pas se moquer du nom de telle ou telle personne, même s'il prête à rire.

Est-ce le signe que le langage est passé dans la sphère du sacré ?

RECTEUR DALIL BOUBAKEUR. — Dieu est une transcendance non immanente. Il ne s'agit pas d'un panthéisme ni même d'un théisme : c'est Al-lah, *le* Dieu. C'est le Dieu par excellence et jamais nous ne Le connaîtrons tel qu'en Lui-même. Sa nomination n'est donc qu'une attribution humaine. Dans le Coran, nous comptons quatre-vingt-dix-neuf attributs de Dieu : cela prouve qu'il s'agit seulement d'une approche qui n'épuise absolument pas la totalité intelligible de Dieu et que beaucoup de choses nous échappent encore. Le Nom de Dieu est sacré, cela signifie qu'il ne doit pas figurer dans des documents destinés à être souillés : le Nom de Dieu est, pour nous, le Saint des Saints. Une seule chose est sûre : la connaissance totale de Dieu est impossible, le voile ne se déchirera pas entre Sa Vérité et notre intellect. Par une longue initiation, l'homme peut arriver à nommer Dieu, à se rapprocher de lui : mais la mystique ne conçoit le rapprochement avec Dieu que dans l'amour, dans le brasier de la fusion dite « unitive » ou *Fana anéantissante*. C'est un amour brûlant qui réduit tout en cendres — sauf Dieu : « Tout ce qui est sur elle [la terre] doit disparaître, / [Seule] subsistera La Face de ton Seigneur, plein de majesté et de noblesse » (s. 55, v. 26-27). Voilà l'attitude très humble de l'homme qui se confie à Dieu, à *son* Créateur, voilà selon moi un des plus beaux versets du Coran.

MGR JEAN-CHARLES THOMAS. — Pour celui qui croit en Dieu tel que mes amis viennent d'en parler, prier c'est d'abord s'installer en présence de Dieu — le Très-Grand qui nous a donné son Nom, et le Très-Proche qui s'implique dans notre histoire. C'est prendre un bain de soleil : me dépouiller de ce qui me cache à Dieu, m'exposer à lui exactement tel que je suis. Et rester là, paisible, silencieux, prêt à écouter, prêt à répondre. Imaginez ce qui se passe entre deux personnes qui s'aiment mais qui restent côte à côte, sans rien dire, non pas parce qu'elles n'ont rien à dire, mais parce que, de temps en temps, la simple présence de proximité en dit plus que les paroles. C'est le conseil donné par Jésus à ceux qui lui demandent comment prier : va dans la pièce la plus reculée de ta maison et là, seul à seul, sois avec Dieu. Tu peux être sûr qu'Il est là, avec toi, qu'Il sait tout ce que tu penses, tout ce que tu désires, tout ce que tu regrettes, tout ce que tu redoutes. Et, si tu veux employer des mots pour concrétiser ta prière, tu diras : « Notre Père, qui es aux cieux, que Ton Nom soit sanctifié, que Ta Volonté soit faite sur terre comme au ciel. Donne-nous notre pain pour ce jour, pardonne-nous comme nous pardonnons, délivre-nous du mal. Amen » (Matthieu 6, 7-15). Prier, ce n'est pas d'abord dire des formules, rabâcher, ou essayer d'influencer Dieu pour qu'il se mette à notre service et nous octroie tel avantage dont nous avons envie, tout de suite. Prier, c'est se tenir sous le rayonnement bienfaisant de celui qui veut seulement ce qu'il y a de meilleur pour nous. C'est se laisser habiter par sa présence, demeurer en lui comme Lui demeure en nous et en tous, y compris ceux qui n'en ont pas conscience. L'Unique, le Miséricordieux pensant à Tous, depuis toujours et pour toujours : telle est la merveille qui nous tient en prière, nous, les croyants, autant de fois et aussi longtemps que possible chaque jour. C'est probablement le lien le plus fort qui nous réunit. Voici pourquoi le pape Jean-Paul II, à Assise en 1986, a voulu prier en silence avec les responsables des grandes religions qui priaient eux-mêmes en silence : l'Unique aux multiples Noms.

Mais quel est le rôle de l'Eglise entre Dieu et les hommes ? Faut-il des intercesseurs pour « communiquer » avec Dieu ?

JCT. — Puisque l'Eglise est l'ensemble de ceux qui croient en Dieu à la suite de Jésus, elle intervient près de Dieu au bénéfice de tous ses membres et même de ceux qui ne partagent pas sa foi. Elle se souvient de Jésus qui s'offre pour la Multitude. Abraham et Moïse, nos aînés dans la foi, furent d'extraordinaires intercesseurs. La Bible les montre discutant avec Dieu pour qu'Il n'extermine pas ceux qui font le mal. J'aime beaucoup ces passages où Abraham intercède en faveur des gens de Sodome (voir Genèse 18, 17-33) et Moïse en faveur de son « peuple à la nuque raide » (Exode 32, 11-14 et Deutéronome 9, 7-29). Jésus fait de même sur la croix ; il se sait solidaire des pécheurs, même lorsqu'il souffre de cette solidarité, Lui qui n'a jamais commis le mal : « Mon Dieu, mon Dieu, pourquoi m'as-tu abandonné entre les mains de ceux qui m'en veulent ? » Mais il continue en demandant : « Père, pardonne-leur, car ils ne savent pas ce qu'ils font. » Pour nous, Chrétiens, Jésus « siège à la droite de Dieu » et il intercède pour l'humanité jusqu'à la fin des temps. En communion avec lui, tous ceux qui nous ont précédés dans la foi intercèdent, eux aussi, pour ceux qui vivent affrontés aux embûches de l'existence terrestre. Nous appelons cette réalité « la communion des saints ». Elle tient en communication les gens d'hier, ceux d'aujourd'hui et de demain. Nul n'est isolé, laissé pour compte, abandonné. Par cette connexion invisible, chacun peut se dire : on pense à moi, quelqu'un m'aime, je ne dois pas désespérer. Ainsi ciel et terre sont mystérieusement reliés, l'humanité avance vers sa pleine cohérence en Dieu et grâce à Lui et grâce à ceux qui restent en relation avec Lui.

Le laïc est-il toujours concerné par ce sujet ? Comment peut-on envisager une transcendance sans Dieu ?

ALAIN MAMOU-MANI. — J'ai développé ces thèmes à la fin de *Au-delà du profit* : l'avenir pourrait ressembler à cette vision. L'ensemble des individus qui peuplent cette terre se structurent comme un vaste cerveau planétaire, une société civile mondiale, une conscience globale. Cette nouvelle conscience allierait les valeurs de l'Orient et de l'Occident, les valeurs masculines et féminines, les valeurs de l'économie, de l'efficacité, avec les valeurs de l'écologie, du respect de soi et du respect d'autrui. On ne peut demander un monde harmonieux sans travailler à être en harmonie avec soi-même. Dieu ou l'humanité resteront toujours une pensée limite : l'homme ne sera jamais Dieu, il y aura toujours un écart irréductible. Dieu, comme l'Infini d'une équation mathématique, est un point aveugle, indéfinissable, innommable vers lequel l'humanité doit sans cesse s'élever. Je crois en la possibilité d'une transcendance dans l'immanence. L'homme ne sera jamais tout, il ne maîtrisera jamais toute la nature — et ce n'est pas souhaitable. Les religions orientales et les chamans nous ont aussi appris que l'homme est une goutte d'eau qui doit se penser comme tel mais aussi comme un élément du lac...

DEUXIÈME COMMANDEMENT : « TU NE FERAS PAS D'IDOLES »

Quelles sont nos idoles aujourd'hui ?

AMM. — Nos idoles sont monnaie courante, mais c'est la société du spectacle et la quête immodérée du profit qui constituent aujourd'hui l'essence même de l'idolâtrie. La seule manière de lutter contre ces fléaux consiste à élever des limites entre ce qui est marchand et ce qui ne doit pas l'être. Par exemple, il faut interdire la transformation de la spiritualité en marchandise, ce que font les sectes en utilisant la détresse des gens pour s'enrichir. Mais la lutte la plus importante doit être dirigée contre la « marchandisation » du vivant. La marchandise doit s'arrêter aux produits manufacturés, aux produits de l'agriculture ou de la nouvelle économie. Mais dès lors qu'il s'agit des êtres vivants, des organes ou de micro-parties d'êtres comme l'ADN, il faut être vigilant. Ces démarches sont capitales pour notre avenir, et, par le biais de ce commandement, il faut remettre des tabous sur le vivant, instituer un comité d'éthique mondial doué de pouvoirs législatifs et exécutifs. Pourquoi ne pas organiser sur ce thème de la protection du vivant un nouveau « sommet de la planète » comme le sommet de Rio de 1992 sur l'environnement ?

JS. — Je suis d'accord avec vous sur la définition de l'idole comme réalité relative qui devient un absolu.

Tout a une valeur, même l'argent, mais ce n'est certainement pas le but de la vie. Les gens s'en aperçoivent souvent trop tard. L'argent me permet de réaliser certaines choses, mais c'est un moyen pas une fin, en aucun cas la vérité primordiale. L'idole ne se limite pas à la petite statuette que l'on adore par superstition : l'idolâtrie consiste à donner un rôle trop important à une chose qui ne le mérite pas.

L'aspect religieux et sacré de ce commandement soulève la question de l'art religieux. Est-ce qu'il interdit toutes les formes de représentation ?

JS. — Oui, nous refusons toutes les représentations autour des textes religieux et dans les lieux saints, parce qu'elles sont un risque pour l'homme. L'esprit humain a tendance, naturellement, à s'attacher aux choses. L'art figuratif est donc interdit car la spiritualité et la piété élèvent l'homme au-delà de la pure matière. Mais la beauté existe dans les synagogues, les rideaux, les vitraux, les livres d'art. J'ajoute que le pas est très vite franchi entre la démarche idolâtre et le polythéisme.

DB. — L'islam respecte aussi scrupuleusement ce commandement, il a été iconoclaste[1]. Les nouveaux Musulmans, de retour à La Mecque, ont détruit les trois cent soixante idoles qui se trouvaient dans le sanctuaire de la Kaaba. Seul Dieu crée la forme : au vu des merveilles de ce monde, l'homme ne peut vraiment pas rivaliser avec le Créateur ! Pour nous, toute expression artistique est religieuse, il n'y a pas de distinction entre un art religieux et un art profane. L'art est une incitation à la spiritualité. L'art musulman se distingue par les dessins

---

1. Ce mot est composé à partir des mots grecs : *eikon*, l'image, et *klao*, briser.

géométriques, les arabesques, la recherche des effets sur l'esprit par l'harmonie, des lignes et des rapports bien étudiés, le Nombre d'or. Cela aboutit à quelque chose d'édifiant, de pédagogique, qui nous amène à une attitude réflexive et à l'adoration de Dieu. L'homme écrit par le calame, la plume, qui est aussi dans la tradition ésotérique la première chose créée par Allah, l'origine du monde. L'essentiel de l'art musulman dérive de l'écriture. « En Allah est la beauté et Il aime la beauté. »

Ce commandement ne semble pas poser de problèmes à l'art chrétien qui est très riche.

JCT. — Il a quand même fallu huit siècles pour que les Chrétiens acceptent paisiblement des représentations artistiques de Jésus ! Certains s'y opposaient, au nom de ce commandement divin. D'autres disaient : si Dieu a choisi de prendre un visage humain en Jésus, l'imaginer, le représenter comme bon pasteur en train de guérir ou de prêcher aux foules comme en témoignent les Evangiles, c'est justifié. Une très vieille tradition dit aussi qu'il existait une « icône non faite de main d'homme », recueillie par le roi Abgar et un visage de Jésus recueilli par Véronique. On constate d'ailleurs qu'à partir du ve siècle environ, tous les peintres semblent s'inspirer d'un modèle unique : Jésus a un visage encadré par de grands cheveux noirs tombant de chaque côté, une barbe comme séparée en deux, bifide. Ces représentations témoignent-elles d'une source unique bien réelle ? Les débats autour du linceul de Turin témoignent aujourd'hui de nos incertitudes. J'insisterai néanmoins sur un point capital : il ne s'agit pas d'idoles, de faux dieux, de représentations pour éloigner du vrai Dieu, mais bien réellement d'icônes réalisées par des croyants pour orienter la pensée vers Dieu, vers Jésus. Ezéchiel n'a jamais peint, mais il a dépeint en paroles la manière dont il voyait Dieu : artistes, poètes, musiciens en ont tiré, chacun avec ses moyens d'expression, des présentations artistiques qui veulent orienter vers Dieu. Elles ne prétendent jamais être une représentation authentique de l'Invisible mais seulement aider notre imagination à penser à Lui. D'ailleurs, la véritable icône est toujours peinte dans la prière intérieure, pour que cette prière habite le cœur croyant qui la contemplera. Ce faisant, il est vrai, les Chrétiens ont pris un risque : celui de laisser des artistes peu croyants composer de bien mauvaises représentations de l'Invisible. Pour ma part, je les délaisse car elles ne portent pas vers le Dieu de la Tora et des Prophètes, de Jésus et des Apôtres.

Pouvons-nous détruire une nouvelle fois le Veau d'or ?

AMM. — Oui, nous pouvons le tuer si chacun d'entre nous fait l'effort d'un engagement citoyen. La notion de consommation éthique et ce qu'on appelle la « sociale-responsabilité » nous permettent de faire entendre la voix de l'éthique jusque dans les couloirs de la Bourse. Désormais, on n'est plus citoyen seulement le jour des élections : on peut l'être dans ses actes quotidiens, en tant que téléspectateur, en tant qu'actionnaire ou consommateur. Voilà plus de vingt ans que je milite pour une citoyenneté économique, qui consiste à utiliser son pouvoir d'achat pour peser dans la vie et les méthodes des grandes entreprises. On peut — on doit ! — zapper les produits qui ne sont pas éthiques : les OGM, les entreprises qui exploitent la misère des pays pauvres, les animateurs qui nous prennent pour des imbéciles, etc. Je pense que c'est une démarche beaucoup plus efficace que le vote purement politique. Aujourd'hui, nous avons dépassé le stade du pouvoir politique. A la demande des congrégations religieuses, nous travaillons d'ailleurs, avec le Cercle éthique des affaires, sur un projet de Guide éthique qui mettra en avant le comportement des entreprises selon des critères très précis : social, environnement, citoyenneté, Nord-Sud, communications, « développement soutenable ».

PREMIER COMMANDEMENT : « TU N'AURAS PAS D'AUTRES DIEUX »

Ce commandement formule l'essence même du monothéisme : un Dieu unique et exclusif. Cette affirmation est-elle compatible avec la Trinité chrétienne ?

JCT. — Pour les Chrétiens, il n'y a qu'un seul et unique Dieu, exactement comme pour nos frères et sœurs de l'islam et du judaïsme. Notre credo commence par dire : je crois en un seul Dieu. Ce qui signifie : il n'y en a pas deux, ni trois, mais un seul, Il est totalement unique. Cela veut dire aussi : quel que soit le Nom qu'on Lui donne, il s'agit et s'agira toujours du même. Et c'est vers cet Unique que nous marchons, c'est bien à cet Unique que nous attribuons toutes les multiples qualités dont parlent la Bible et le Coran. Nous sommes radicalement monothéistes. Mais nous accordons aux paroles de Jésus sur cet Unique Dieu la valeur d'un témoignage qui lève un peu le voile sur sa richesse : ce Dieu n'est pas un solitaire, Il est en état permanent de dialogue intérieur, comme peuvent dialoguer trois personnes. C'est un « nous » qui dit : « Faisons l'homme à notre image et pour notre ressemblance. » Il n'y a pas trois dieux, mais Un seul qui se comporte en Père, source de tout bien, en Fils qui reçoit et retransmet ses Paroles d'Amour, étant lui-même devenu Parole faite homme, et enfin en Esprit ou Souffle puissant d'Amour et de communion qui réalise dans l'histoire une imprégnation divine au cœur de tous les humains, croyants ou non. Nos mots peuvent exagérer la distinction, et ils sont déficients, mais notre intention est de montrer la richesse puissante et inexprimable de l'Unique, en attendant de Le découvrir, tel qu'Il est, sans le voile de nos expressions théologiques qui ont d'ailleurs beaucoup varié selon les cultures et philosophies.

DB. — L'islam est intransigeant sur la Trinité et sur la nature de Jésus. Comme je l'ai précisé dans mon texte sur Moussa, l'affirmation du monothéisme relève pour nous d'un pacte préexistentiel de l'homme, le *Mîthaq*, qui l'engage à n'adorer que Dieu et Dieu seul. Les Prophètes ne sont là que pour rappeler à toute l'humanité la validité éternelle de cette promesse à Allah. Dieu est fondamentalement unité : Il rassemble l'Infini, l'Eternel, le Temps et l'Espace. Nous symbolisons Allah par la lettre arabe Nun, cercle imparfait avec en son centre un point géométrique qui situe Allah et le monothéisme au-delà d'une simple expression arithmétique ou numérique. Celui qui trouve le centre de l'Univers, le « barycentre », peut rencontrer Dieu. Mais l'Univers n'a de centre nulle part et sa circonférence est partout !

AMM. — En tant que laïc, le premier commandement est de respecter la pratique de toutes les religions. Il y a les droits et les devoirs de l'Etat et ceux des religions. Il n'est pas simple de respecter les jours fériés pour chaque religion mais il faut que l'Etat s'y efforce. L'Education nationale ne doit pas organiser des examens le jour du shabbat ou de l'Aïd el-Kebir par exemple. Aucun élève ne doit être brimé pour ses pratiques religieuses. Néanmoins, il faut demander aux familles de respecter la laïcité et d'éviter, autant que possible, de faire porter à leurs enfants les marques distinctives de leur religion.

Pourquoi avons-nous besoin de la croyance en Dieu pour édifier une morale ?

AMM. — Pendant tout le XXe siècle, après que Nietzsche a proclamé la Mort de Dieu, les philosophes ont tenté de bâtir une morale sans avoir recours à l'existence, même théorique, de Dieu. Mais ils n'ont pas réussi et le siècle a été marqué par un recul de l'humain : tout a été toléré, tout a été possible, dans la violence comme dans l'horreur, et la morale laïque n'a pas été plus efficace que la morale religieuse. L'Etat laïc s'est constitué contre une religion dominante — mais n'est-on pas allé trop loin à force d'avoir considéré la religion comme l'opium du peuple et les curés comme les tenants du conservatisme ? Aujourd'hui, il est temps de renouer le dialogue et de poser, tous ensemble, la question d'une éthique immanente à une communauté qui se tient maintenant à équidistance des différentes religions.

JS. — Je pense que l'homme ne peut lui-même produire une morale, sinon il s'érige en absolu, il se déifie en quelque sorte. L'histoire montre que du jour au lendemain, tout peut casser et les contrats ne plus rien valoir — c'est la relativité de la démarche humaine. C'est pourquoi la morale doit être absolument transcendante. Mais cela ne signifie pas que l'Etre transcendant qui donne une morale soit un dictateur. Je pense que nous tous avons bien montré que le D. du Décalogue n'est pas un D. de colère. Il nous a aimés, nous a aidés : Il a « gagné ses galons de D. », Il a assumé ses devoirs.

Je veux dire par là qu'à travers ce qu'on appelle le monothéisme et qui signifie pour nous le règne de la Providence divine, on se rend compte, négativement, que le polythéisme coïncide avec l'irresponsabilité. Une analogie pourra peut-être illustrer cette idée : le polythéisme est semblable à certaines administrations dans lesquelles il faut courir d'un étage à l'autre, de bureau en bureau pour trouver le bon service, chacun vous renvoyant à l'autre ! Abraham avait un père qui était marchand d'idoles. Un jour, il comprend que la dualité des divinités païennes, la lune et le soleil, l'amour et la guerre, etc., n'est qu'une supercherie. Alors il se rend dans le *show-room* de son père et il casse toutes les idoles sauf une, dans les mains de laquelle il place un marteau. Son père rentre et voit le désastre, mais Abraham lui montre la dernière idole et lui dit : « C'est elle qui a fait tout cela ! » Alors son père sourit : il a compris le message ! Un seul D., ça signifie donc qu'Il assume tout dans la vie et qu'Il est seul responsable de ce qui arrive. Le monothéisme, c'est le refus des faux-fuyants.

CONCLUSION

« C'est moi l'Eternel, ton Dieu... »

Cette première parole de Dieu, qui précède le Don du Décalogue, souligne à la fois l'aspect transcendant du divin et sa proximité avec l'homme puisqu'Il le libère de son esclavage. Quel est le lien ultime entre la religion et la liberté ?

RECTEUR DALIL BOUBAKEUR. — Les commandements ont édifié d'une manière historique et théologique les règles et les valeurs avec lesquelles vont fonctionner les sociétés humaines pour la première fois d'une manière explicite. Nous Musulmans, nous avons élargi les commandements à l'humanité tout entière en ne les réservant pas seulement au peuple d'Israël parce que Moïse est le Prophète des trois religions. Ainsi les Dix Commandements ont une valeur normative et universelle pour toute l'humanité. Comme le disait le Grand Rabbin, d'ordinaire nous fondons nos propres valeurs, mais là nous les recevons de Dieu. L'événement des Dix Commandements constitue le progrès le plus important pour l'humanité : avènement de l'histoire de l'homme non seulement avec Dieu, mais aussi avec lui-même et avec son semblable. Cette introduction des valeurs, de la Loi et de la morale va aider les hommes à fonctionner sur un certain nombre de moteurs ou, comme dit Kant, d'« impératifs » : ces commandements sont valables pour l'humanité mais également transcendants, car ils nous conduisent aussi au Salut. C'est très important : à la fois la paix sociale et le salut religieux, paix avec Dieu et avec soi-même. En ce sens la liberté est donnée après la Loi et pas avant : sans règles, on n'a pas les moyens d'exercer cette liberté. Cette foi est donc libératrice pour tous les peuples qui vont apprendre à vivre libres, en paix avec eux-mêmes dans des rapports codifiés. Bien sûr ils ne sont pas les ultimes commandements de Dieu, mais ils constituent la base sur laquelle les hommes vont réfléchir pour fonder leurs valeurs.

MGR JEAN-CHARLES THOMAS. — Quand Dieu crée, tout reste à faire par l'être humain. Mais immédiatement, l'homme rencontre des écueils : le mensonge, le meurtre, la corruption, l'esclavage. Or ces Dix Paroles sont données à l'humanité que Dieu aime et qu'Il a choisie précisément après un acte, après l'avoir libérée d'un esclavage matériel. Dieu donne Dix Paroles à l'humanité et non plus à tel ou tel individu pour que chacun puisse se libérer de ses servitudes personnelles. Mais l'esclavage va renaître toujours ainsi que le meurtre, le mensonge ou la guerre. Dans la Bible, avec le Second Testament, tout se termine par la grande révélation (*apocalypsis* en grec) de ce vers quoi tend l'humanité. Cette humanité, descendue de Dieu, va été purifiée, nettoyée, blanchie, recréée par Dieu, pardonnée par Dieu. Alors Dieu pourra procéder aux noces, Dieu va se marier avec elle. C'est ce qu'Il attend depuis longtemps, mais l'épouse qu'Il a choisi d'aimer depuis le début a « galopé » à travers le monde entier. Un jour finalement elle sera pure et mûre pour aimer. Elle aura découvert « le sens » de son histoire. Il faut que nous devenions tous mûrs, hommes ou femmes, pour nous aimer entre nous, pour décider de vivre dans la paix, la réconciliation, le bien et la gratuité. Il faut que nous soyons prêts aussi à être aimés par Dieu. Les Dix Commandements sont à la fois la grande révélation du sens de l'histoire et de de la dynamique qui la construit, mais que de route encore à faire ! que de temps faudra-t-il pour y arriver ?

RABBIN JOSEPH SITRUK. — Si les Dix Commandements étaient un monument, cette phrase serait son frontispice. On entre et on lit : « Je suis l'Eternel ton D. et je t'ai fait sortir d'Egypte. » Pourquoi ? Pour les hommes, D. peut être deux choses : ou bien un concept ou bien une réalité. Pour les Juifs de cette génération, D. était une réalité : ils ont vécu l'esclavage en Egypte et ils sont sortis d'Egypte. Ils ont expérimenté cette sortie d'Egypte, ils ont vu le Nil se transformer en sang, les sauterelles, la grêle, la mer s'ouvrir... tout cela est vécu par eux. Nous en tirons une idée fondamentale : D. n'est pas seulement le Créateur, Il est aussi l'être immanent qui dirige l'histoire. Cette phrase n'est donc pas un renvoi à l'existence mais à la présence de D.

Comment définir cette liberté et quelle est sa conclusion ?

JS. — On pourrait d'abord définir la liberté comme la possibilité de faire ce qu'on veut. Mais cela est impossible car on naît dans un siècle déterminé, dans un lieu précis, avec une famille et des contraintes. Je ne fais donc pas tout ce que je veux — voilà pourquoi ma liberté, c'est la contrainte que j'accepte. Puisque je suis un homme contraint et qu'échapper aux lois paraît impossible, la liberté s'exercera dans le choix des contraintes que je vais m'imposer. On voit ça chez les sportifs. Les gens qui veulent réussir doivent se lever tôt le matin. De même, si je décide de vivre en croyant, je vais faire attention à certaines choses. Voilà le préambule indispensable des Dix Commandements : la véritable liberté, c'est être capable de ne pas faire ce que la Nature nous pousse à faire. Je voudrais, à ce propos, terminer par un récit extraordinaire. Un jour à Auschwitz, il y avait un homme, un Juif interné parmi des centaines de milliers, qui n'était ni religieux ni pratiquant. Vient le jour de Kippour, jour où l'on jeûne. Alors cet homme décida de suivre Kippour et de ne pas manger. Après être sorti vivant du camp, il raconta que ce jour fut le plus grand de sa vie. En effet, les nazis ne lui donnaient, de toute façon, rien à manger : « Mais ce jour-là, disait-il, c'est moi qui avais décidé de ne pas manger, et c'est là toute la différence ! »

ALAIN MAMOU-MANI. — Moi, je voudrais remercier Joseph, Jean-Charles, Dalil de nous avoir rendu Dieu aimable parce que dans les Dix Commandements, il y avait toujours cette image du Dieu fouettard qui ordonnait, puissait, tuait... L'enjeu de la discussion que nous avons eue, et que je vous remercie d'avoir engagée avec un laïc, a été de démontrer la capacité de chaque individu à se libérer soi-même en faisant la jonction entre ses propres convictions et celles qui le transcendent. Mais cela n'est ni simple ni évident, car il y a les contraintes de la vie quotidienne qui nous poussent dans les voies que nous avons dénoncées. C'est pourquoi la meilleure façon d'y répondre consiste à s'engager. Ce serait formidable si l'on pouvait tirer de cette réunion et de ce livre un appel à vivre ensemble qui pourrait être signé par tous ceux qui veulent faire de la France d'aujourd'hui un modèle d'organisation humaniste. La Révolution française de 1789 a fondé et propulsé les droits de l'homme, la France du XXIe siècle doit être le précurseur d'une éthique des devoirs de l'homme !

AMM. — Mais avant de nous quitter, je voudrais aborder avec vous le problème du pardon. Nous sommes à la fin d'un millénaire où des drames ont surgi entre nous, entre vous. Après ces événements inqualifiables, incompréhensibles, je voudrais savoir s'il est possible de pardonner, de se pardonner.

JCT. — On est invité à pardonner, mais on n'en a pas toujours la capacité ! La maîtrise de nos pensées est-elle suffisante pour qu'on puisse toujours pardonner ? Dans certains cas, il faudra sans doute toute une vie pour arriver au pardon total. Mais on doit aller vers le pardon, car c'est la seule façon de sortir des drames et des oppositions, surtout quand il s'agit de divisions au nom de Dieu, au nom d'une conception de la vie et des relations humaines. Tant que le cœur de l'agressé ne s'ouvre pas à l'idée même qu'il pourrait pardonner, alors il va rester dans sa souffrance. Sa souffrance est telle qu'elle va alimenter le cercle vicieux de « tu m'as offensé, alors je vais me venger ». La bombe atomique de la violence, c'est la vengeance. Le pardon est la seule façon de désamorcer cette menace. Il faut quelqu'un qui brise la chaîne de la violence, c'est-à-dire le cycle infernal : agression, souffrance, méditation de vengeance, réalisation de la vengeance qui suscite une nouvelle répression, etc. C'est dans cette invitation à aller au plus profond de l'intelligence de la situation par l'arrêt de la violence que doit se glisser le pardon.

DB. — Le pardon nous apprend une chose fondamentale : celui qui pardonne est supérieur à son agresseur. Mais je pense que c'est la demande de pardon qui importe le plus, surtout pour des peuples orgueilleux ou vaniteux qui sont toujours dans des rapports tendus de compétition et de conflit. La demande de pardon met un terme à ces situations impossibles dont nous héritons sans en être toujours responsables. Le pardon tend à niveler les hommes, à les ramener à une forme saine et charitable d'égalité. Dans l'islam, nous faisons la différence entre deux aspects du pardon : la demande du pardon, *salaam*, et la repentance, la *Tawba*, qui donne son nom à la sourate 9 du Coran et qui représente un travail intérieur beaucoup plus important, valorisant et libérateur. Nous n'avons peut-être pas la même vision de la contrition et du péché que les Chrétiens, car dans l'islam le péché originel n'existe pas. Mais enfin nous cultivons une civilisation de la paix fondée sur l'espoir d'une vie commune pacifique. *Salam, shalom*... voilà le message qui doit être celui de nos religions : Paix et Salut !

JS. — Il ne faut pas confondre deux choses : celui qui a fait du mal et la victime. Quand celui qui a fait du mal le reconnaît, il fait part d'une grandeur d'âme dont la Tradition dit qu'il n'y a rien au-dessus : là où le *Baal Téchouva*, celui qui se repent, se trouve, même le Juste parfait ne peut pas se trouver. Le niveau moral d'un individu est défini par sa capacité à reconnaître ses erreurs. Il n'y a rien de plus noble que la force qui consiste à dire « je me suis trompé ». Si vous voulez voir la grandeur d'un homme, dit le Talmud, alors allez le voir quand il demande pardon. Or la demande de pardon provient de l'humilité — cela veut dire qu'une personne orgueilleuse ne demande jamais pardon. L'orgueil étant l'antidivinité puisque c'est vouloir prendre la place de D., un homme qui demande pardon est un homme qui a reconnu D., parce qu'il a reconnu qu'il était plus petit que l'autre. Or la plupart des conflits viennent des rapports de force qui visent à déterminer celui qui est le plus fort. La victime, celui qui a été offensé, qui souffre et a subi un dommage irréversible, va se poser la question de la sincérité de celui qui demande pardon : est-ce que mon offenseur d'hier est sincère ? Dans la même situation, ferait-il maintenant la même chose ? En fait toute acceptation du pardon demande du temps, un temps qui permet de mesurer la sincérité. On dit aujourd'hui, et c'est un lieu commun, que le temps permet de jauger le poids des interventions humaines. Si je vous dis que je ne boirai plus, c'est peut-être parce que je n'ai pas soif, mais en fait il faudra que vous attendiez demain l'heure à laquelle j'ai l'habitude de prendre mon apéritif devant le comptoir ! Plus gravement, est-ce que nos civilisations vont prouver qu'elles ont compris l'horreur du meurtre, et que dès lors qu'elles se sont amendées les unes les autres, elles vont se donner les moyens d'en tirer des comportements concrets ? Il faut que les gens et les peuples prouvent leur sincérité, mais il faut leur donner les moyens de cela ! Autrement dit, il faut accepter tous les gestes qui vont dans le sens d'une démilitarisation parce que ces gestes prouvent qu'on est bien décidé à ne pas refaire une guerre. Le Prophète Isaïe, dans une vision un peu utopiste, a dit : « on transformera les glaives en socs de charrue », et, à la fin des temps, les hommes prouveront qu'ils ne veulent vraiment plus faire la guerre. Mais aujourd'hui, personne n'ose vraiment. On se dit qu'il vaut mieux garder une petite arme au cas où...

Quelle a été votre réaction aux dernières déclarations du pape ?

JS. — En ce qui concerne les relations un peu chaotiques entre l'Eglise et le judaïsme, j'ai été le premier à souligner combien la démarche chrétienne était admirable, et combien, au lieu de « pinailler » sur les mots que le pape a dits ou n'a pas dits, il fallait accepter la démarche et aider les Chrétiens sincères à regretter ce qu'ils avaient fait, à « prouver leur sincérité » par une meilleure compréhension mutuelle, par un plus grand respect de l'autre. Et je pense que des initiatives comme celle de ce livre et de ce spectacle vont dans le sens de ce désarmement mondial des hommes de bonne volonté qui refusent de se battre les uns contre les autres, mais, chacun avec sa spécificité, pour les causes communes.

JCT. — L'un des éléments qui va permettre ce désarmement général tout à fait indispensable réside dans la capacité de dire « je te pardonne » à celui qui a dit « je te demande pardon ». Je suis d'accord avec tout ce que vous avez dit sur l'indispensable humilité de celui qui a fait mal, offensé, tué ou détruit, et qui le reconnaît. Mais c'est très rare : aujourd'hui, on vit en faisant le mal sans jamais en prendre conscience. Mais quand l'offenseur a reconnu ses torts, si celui qu'il a offensé et à qui il a demandé pardon lui refuse son pardon, alors il inflige une offense terrible à celui qui avait fait un pas. Tant que le pardon est refusé, on n'a pas désamorcé complètement la bombe de la haine, la bombe de la vengeance et de la guerre. C'est pourquoi les drames de l'humanité seront, me semble-t-il, proches de leur fin, lorsque l'accord succédera à la demande de pardon. Voilà ce que nous sommes invités à faire en tant que responsables de religion : reconnaître en quoi nous avons mal agi les uns et les autres au cours de l'histoire, mais aussi en quoi, ayant subi du mal, nous sommes prêts aujourd'hui à pardonner pour désamorcer ce qui hante le cœur de nos sociétés aujourd'hui : l'extermination au nom de Dieu, ou de notre soif de puissance et de notre orgueil.

Appel pour vivre ensemble

Le mot religion vient du verbe latin *religare* qui signifie relier. La spiritualité a souvent permis aux hommes de se rapprocher, même si la pluralité des Révélations a parfois été source d'incompréhensions réciproques et de divisions dramatiques.

Mais l'esprit des Dix Commandements nous invite concrètement à dépasser les conflits : au lieu de nous diviser, le Décalogue multiplie par dix nos points de rencontre et nos possibilités d'entente ! Comme Moïse face à face avec Dieu, chacun d'entre nous, chaque citoyen, chaque croyant, quelle que soit sa foi ou son absence de foi, peut cheminer dans la voie de son authenticité en refusant la haine de l'autre et le sectarisme.

Oui ! nous pensons que ces Dix Paroles peuvent aider l'homme à s'interroger sur le sens de l'existence et à poser le mode d'emploi d'un devenir plus humain.

Nous, religieux et laïcs, croyants et non-croyants, souhaitons donc que ces Dix Commandements, à l'aube de ce nouveau millénaire, contribuent à nous remémorer la source de l'esprit de concorde, pour retrouver les valeurs essentielles de respect de l'autre et de soi, de partage et d'amour.

Joseph Sitruk
Grand Rabbin de France

Jean-Charles Thomas
Evêque de Versailles

Dalil Boubakeur
Recteur de la Mosquée de Paris

Alain Mamou-Mani
Auteur et chef d'entreprise

Bibliographie

Pour aller plus loin

La Bible de Jérusalem, DDB, 2000.
Le Coran, traduction de Jacques Berque, Albin Michel, 1995.
La Bible, traduction par le rabbinat français, Colbo, 1999.

Le dialogue interreligieux chez Albin Michel

Trois Messagers pour un seul Dieu, Roger Arnaldez, 1983.
Sagesses de la mort, Zéno Bianu, 1998.
Le Chœur des Prophètes, Cheikh 'Adda Bentounès, 1999.
Jésus raconté par le Juif errant, Edmond Fleg, 1993.
Nous avons tant de choses à nous dire, Rachid Benzine, Christian Delorme, 1998.
Un Juif nommé Jésus, Marie Vidal, 1996.
Approche de la mystique dans les religions occidentales et orientales, Carl-A. Keller, 1996.
Profession théologien, Claude Geffré, Gwendoline Jarczyk, 1999.

Chalom Jésus ! Lettre d'un rabbin d'aujourd'hui au rabbi de Nazareth, Jacquot Grunewald, 2000.

Le Grand Livre du Cantique des cantiques, Frank Lalou et Patrick Calame, 1999.

Dieu et la révolution du dialogue, Jean Mouttapa, 1996.

Entre Dieu et le cosmos, Raimon Panikkar, 1998.

Le Curé de Nazareth, Emile Shoufani, Arabe israélien, homme de parole en Galilée, Hubert Prolongeau, 1998.

L'Eglise et les religions, Jacques Vidal, 1990.

A la croisée des trois monothéismes, Roger Arnaldez, 1993.

Table

I. Les Dix Commandements 9

Le texte de l'Exode (20, 2-17) 11

Un Texte fondateur et mystérieux 13

L'histoire de Moïse 21

Les huit personnages 47
- Aaron 47
- Bithia 49
- Josué 51
- Miryam 54
- Néfertari 56
- Pharaon 58
- Séphora 61
- Yokébèd 63

II. Moïse et les monothéismes 65

Moshé à la lumière du Talmud 67
par Joseph Sitruk, Grand Rabbin de France

Moïse, figure du christianisme 93
par Mgr Jean-Charles Thomas, évêque de Versailles

Mon frère Moussa 126
par Dalil Boubakeur, Recteur de la Mosquée de Paris

De la morale religieuse à l'éthique citoyenne 156
par Alain Mamou-Mani, auteur et chef d'entreprise

III. Entretien autour des Dix Commandements 187

Dix Paroles en trois actes 189

Acte 1 : Une charte des devoirs envers autrui 193
Acte 2 : La confirmation de l'éthique 220
Acte 3 : L'homme seul face à un Dieu unique ? 235

Conclusion : « C'est moi l'Eternel, ton Dieu » 248

Appel pour vivre ensemble 257

Bibliographie 259

La composition de cet ouvrage
a été réalisée par Nord Compo (Villeneuve-d'Ascq)
l'impression et le brochage ont été effectués
sur presse Cameron dans les ateliers
de Bussière Camedan Imprimeries
à Saint-Amand-Montrond (Cher),
pour le compte des Éditions Albin Michel.

Achevé d'imprimer en septembre 2000.
N° d'édition : 19245. N° d'impression : 003816/4.
Dépôt légal : septembre 2000.

Achevé d'imprimer en septembre 2000.
N° d'édition : 19245. N° d'impression : 003816/4.
Dépôt légal : septembre 2000.